L'homme qui jalonnait les étoiles

Katherine MacLean

Writat

Cette édition parue en 2023

ISBN : 9789359252995

Publié par
Writat
email : info@writat.com

L'HOMME QUI A JALQUÉ LES ÉTOILES

Par CHARLES DYE

Bryce Carter pouvait se permettre un sourire suffisant. Car n'était-il pas passé glorieusement de Thieves Row à directeur du célèbre UT ? La Terre, la Lune et toute la Ceinture n'attendaient-elles pas en ce moment même son commandement pour le grand coup d'État ? Et son cousin de Montehedo n'était-il pas une aide envoyée par une star ?

Qu'est-ce que je fais dans la vie ? » répéta le jeune homme mince à la peau foncée assis sur le siège voisin du paquebot Terre-Lune. « Je suis un sorcier », répondit-il en toute sincérité.

"Que fais-tu ? Je veux dire, pourquoi ils t'embauchent ?" » a demandé Donahue avec une confusion compréhensible et une touche de nervosité.

"Je suis inscrit comme psychothérapeute", a déclaré le jeune homme à la peau foncée. Il avait l'air trop jeune pour exercer une profession, à peine dix-neuf ans, mais cela pourrait être simplement un signe de talent, pensa Donahue. Les nouvelles méthodes d'enseignement et de tests les ont diplômés jeunes.

"Je sais que je suis sorcier parce que mon grand-père et son père étaient des sorciers et j'ai appris une technique spéciale de mes oncles qui sont des thérapeutes agréés avec des diplômes en médecine comme le mien. Mais la technique n'est pas celle que l'on trouve dans les livres, c'est... inhabituel. Ils ne disent pas où ils l'ont appris mais ce n'est pas difficile à deviner. Le jeune homme sombre haussa joyeusement les épaules. "Alors… je suis un sorcier."

"C'est une idée intéressante", a déclaré Donahue. Ce serait un long voyage de trois jours sur la Lune et il s'attendait à s'ennuyer, mais cette conversation n'était pas ennuyeuse. "Que fais-tu?" » a-t-il encore demandé. "Spécifiquement." Donahue avait des traits robustes, un bronzage foncé et des cheveux joliment décolorés par le soleil, portés un peu trop longs. Il dégageait une sorte de charme rude qui le classait dans la classe des politiciens, et il savait comment attirer les gens, alors maintenant il s'installait plus confortablement pour une période d'écoute prolongée. "Dites-m'en plus et rejoignez-moi pour prendre un verre." Il fit signe à l'hôtesse et continua avec le bon mélange d'intérêt admiratif et de scepticisme condescendant . « Vous ne chantez pas de sorts et n'engagez pas de fantômes, n'est-ce pas ?

"Pas exactement." Le jeune visage sombre et innocent souriait avec un joyeux éclat de dents blanches. "Je vais vous dire ce que j'ai fait à un homme, un homme nommé Bryce Carter."

Un groupe d'hommes était assis dans un gratte-ciel du cap Hatteras, avec leur table parallèle à une immense baie vitrée qui surplombait le ciel nuageux et les vagues grises de l'Atlantique. Ils étaient les directeurs respectés de l'Union Transport et, comme la plupart des hommes haut placés, ils avaient un sens aigu de leur conservation et une connaissance des voies et moyens qui comportait peu de scrupules.

Le président frappa légèrement. "Messieurs, votre attention s'il vous plaît. J'ai une annonce à faire."

Le bourdonnement des discussions autour de la longue table cessa et les quatorze hommes tournèrent la tête. La réunion avait été convoquée une semaine plus tôt et ils s'attendaient à une explication urgente. "Une annonce inquiétante, j'en ai peur. Quelqu'un utilise cette société à des fins illégales." La voix du président était douce et désolée.

Bryce Carter, deuxième à l'extrémité opposée, a été soumis à un choc de vigilance tendue et équilibrée. Que savait-il ? Il ne montra aucun signe d'émotion, mais attrapa une cigarette pour couvrir tout changement dans sa respiration, tâtonnant peut-être plus que d'habitude.

Les hommes assis à la longue table attendaient, affichant une variété d'expressions ennuyées qui n'avaient jamais aucun rapport avec leurs véritables réactions. Le président était un petit homme discret, aux cheveux blonds, dont ils respectaient si profondément les capacités qu'ils l'avaient élu président pour l'avoir là où ils pourraient le surveiller. Ils savaient qu'il n'était pas du genre à parler de bagatelles, et il y eut un moment de silence. "Très bien, John", dit l'un d'eux, laissant échapper son souffle retenu et se penchant en arrière, "Je vais mordre. Quel genre d'objectifs illégaux ?"

"Je ne sais pas grand-chose," s'excusa le petit homme, "Seulement que le taux de criminalité a augmenté de quarante pour cent dans la moyenne des villes desservies par UT, ainsi qu'à Callastro City, Callastro et Panama City, où nous venons d'installer un port spatial, cela a plus que doublé."

"Drôle de coïncidence", grogna quelqu'un.

"Très drôle", dit un autre. "Si la police le remarque et que le public en entend parler..."

Il n'y avait aucun homme qui aurait volontiers quitté sa place à cette table, personne qui ignorait qu'en se frayant un chemin pour obtenir une place à cette table, il avait pris une partie du contrôle du destin du système solaire.

UT – Union Transport, a étendu les mailles de son service de transport à travers presque toutes les villes de la Terre et les hameaux, les routes, les bus, les chemins de fer et les compagnies aériennes entre elles – et même jusqu'aux quelques ports éloignés où l'humanité avait trouvé un pied dans l'espace. Mais son existence était en équilibre précaire sur la confiance du public.

L'unité de l'UT de ville en ville et de pays en pays, sa croissance étendue avait épargné au public beaucoup d'inconfort et de dépenses liées au chevauchement des coûts, aux transferts et à la confusion, et ainsi le public, sur le conseil des économistes, a permis à contrecœur à l'UT de croître toujours plus. Il y avait un mouvement conservateur visant à placer toutes ces entreprises de grande taille sous la propriété de l'État, comme cela avait été la tendance au cours de la dernière génération, mais l'économie se développait trop rapidement pour atteindre la propreté nécessaire, et le public, à juste titre, ne ferait pas confiance aux hommes politiques dans une opération trop déroutante pour eux. être surveillés et ont préféré confier ces entreprises à l'exploitation privée, acceptant le danger, au profit d'une exploitation efficace et pénible, de dividendes et d'une baisse des coûts.

Mais tous ces avantages étaient à peine suffisants pour racheter la vie de l'UT d'année en année. C'était devenu trop gros.

Ses dirigeants détenaient le pouvoir de faire ou défaire n'importe quelle ville et la prospérité de ses habitants par de simples changements dans les frais de transport, par la décision d'installer une ligne, un terminal ou un carrefour. Le pouvoir était indirectement reconnu dans les honneurs et les fonctions supérieures, les divertissements gratuits et les privilèges somptueux dont ils disposaient de la part de toute chambre de commerce et de tout représentant politique, faisant pression discrètement pour un léger parti pris de choix qui placerait un aéroport ou un port spatial dans leur district plutôt que dans leur région. qu'un autre.

Peut-être que certains des directeurs utilisaient leur position pour leur plaisir et leur avantage personnels, mais le pouvoir utilisé dans le but de contrôler la direction de la croissance des races et des nations, le pouvoir pour le plaisir en soi était le jeu qui se jouait à cette table, ses membres jouant le rôle du pouvoir. jeu de contrôle les uns contre les autres et contre le monde pour des enjeux élevés d'un plus grand contrôle, se cachant derrière leurs visages indicibles qui sait quels rêves mégalomanes de domination.

Pourtant, ils ont utilisé leur contrôle discrètement, au service du bien-être public et en préservant la bonne volonté du public. Quand c'était possible.

Comme toujours, Bryce Carter était assis détendu, souriant paresseusement, son expression ne changeant pas en fonction de ses pensées.

"Qui sait cela à part nous ?" » quelqu'un a demandé.

Le président répondit doucement. "C'est un statisticien d'entreprise du service publicité qui l'a remarqué. Il cherchait des corrélations favorables, je crois." Ses yeux bleu pâle parcouraient leurs visages, touchant au passage le visage de Bryce Carter sans expression. "J'ai demandé qu'il n'en parle à personne d'autre jusqu'à ce que j'aie enquêté." Il a ajouté en s'excusant : « Les engagements en matière de toxicomanie sont également corrélés. »

C'était une pire nouvelle. "Les enquêteurs en matière de stupéfiants ne sont pas dupes", dit pensivement quelqu'un.

———————————

N

Eiswanger , un infirmier mince près du chef de table, pressa le bout de ses doigts l'un contre l'autre, fronçant légèrement les sourcils. "Je suppose donc que notre société est utilisée comme moyen criminel de contrebande de drogue à grande échelle , de transport de criminels sous fausse identification et de transport pour la revente des marchandises résultant de leurs vols. Est-ce exact ?" Neiswanger a toujours aimé que les choses soient bien rangées.

"Je le pense", a déclaré le président.

"Et vous diriez que l'organisation responsable est centrée dans cette société ?"

"Cela semble probable, oui."

Les membres du conseil d'administration s'agitaient avec inquiétude, voyant une explosion de gros titres sensationnels, d'enquêtes qui allaient s'étendre à leur vie privée, donnant eux-mêmes des témoignages répétitifs devant des politiciens curieux sous les projecteurs de la télévision tandis que la commission anti-cartel des nations fédérées animait le géant de l'UT. des nains chétifs et séparés qui se chamaillent.

Ce n'était pas une perspective attrayante.

"Bien sûr, nous devrons arrêter cela", a déclaré un homme blond et mince qui s'appelait Stout. On pouvait compter sur lui pour dire l'évidence et maintenir une discussion allant droit au but. « Je comprends que nous avons une bonne agence de détectives. Si nous les chargeons de payer pour la rapidité et le silence… »

"Et quand nous saurons qui est responsable", a demandé Neiswanger , " *Alors* que faisons-nous ?"

Il y eut un silence alors qu'ils s'arrêtèrent complètement dans leur réflexion. Il était hors de question de livrer les coupables à la police, ce qui revenait à admettre que de tels crimes avaient eu lieu et pourraient se reproduire. Licencier les quelques personnes détectées ne pouvait pas suffisamment impressionner les personnes non détectées et non licenciées pour les décourager de leur criminalité rentable.

"Engagez des tueries", a déclaré le round face à M. Beldman , avec simplicité.

Le président a ri. "Vous plaisantez bien sûr, M. Beldman ."

"Bien sûr", a déclaré M. Beldman , et il a ri en aboyant, étant bien conscient des enregistrements filmés permanents de toutes les réunions. Mais il ne plaisantait pas. Personne ne plaisantait là-bas.

L'agence de détectives et les tueurs à gages seraient mis en place.

Bryce Carter se pencha en arrière avec le léger sourire cynique sur son visage maigre qui était son expression habituelle. « Supposons que le dirigeant occupe une place importante dans l'entreprise ? » » suggéra-t-il doucement. "Et alors ?" Il n'a pas besoin de souligner que la disparition d'un tel homme suffirait à elle seule à déclencher une enquête de la police et des actionnaires sur l'entreprise. L'implication était claire. Un tel homme ne pouvait être touché.

"Un hypnotiseur", suggéra Raal . "Quelqu'un pour faire revenir notre meilleur homme sur les traces et nettoyer ses propres dégâts."

"Illégal, dangereux et difficile, M. Raal ", dit Irving avec aigreur. "Toute complicité dans l'usage non surveillé d'hypnotisme ou de drogues hypnotiques est punie de sanctions extrêmement sévères, et leur usage contre la volonté du sujet constitue un crime majeur."

"Un psychologue d'entreprise en circulation serait légal", suggéra l'homme blond et maigre qui s'appelait Stout.

« Nous en avons déjà plus de soixante-quinze sur les effectifs de l'entreprise et je ne vois pas à quoi ça sert... »

"L'un des garçons spéciaux les plus chers qui résolvent les problèmes des groupes en les rejoignant et en travaillant avec eux pendant un certain temps, comme ce responsable de conférence que nous avions avec nous l'année dernière. Chaque membre du groupe qui en embauche un doit signer une candidature pour traitement et une libération légale. Ils sont très discrets et ne diffusent pas ce qu'ils font ni avec qui ils ont parlé, mais ils ont de bons résultats. Les groupes qui les embauchent rapportent un meilleur travail et un travail plus facile. Nous pourrions utiliser un comme dépanneur."

« S'agit-il d'une organisation spéciale ? » quelqu'un a demandé. "Je pense que j'en ai entendu parler."

"Oui, une sorte de syndicat. Je ne me souviens plus du nom."

"Qu'attendriez-vous qu'ils fassent pour nous ?" » demanda Irving.

"J'ai entendu dire..." dit vaguement Stout, ses yeux errant d'un visage à l'autre, "qu'ils ont une technique spéciale pour les fauteurs de troubles dans les cas difficiles." Pour ceux qui le connaissaient, ce regard vague était un voile sur une pensée qui lui plaisait. Vraisemblablement, il pensait à la chose qui leur était venue à tous.

Le coupable pourrait être un membre du Conseil. Il y eut un soudain intérêt joyeux parmi eux alors qu'ils se demandaient qui était la cible de ce «traitement dur».

"J'en ai entendu parler", a déclaré Wan Lun , se souvenant. "On a dit que non seulement ils n'informaient pas les autres du fait du traitement, mais qu'ils n'informaient souvent pas l'homme sous traitement et qu'ils semblaient n'être qu'un nouvel ami jusqu'à ce que... pouf." Il a souri. "Je pense que le nom de la guilde est Manoba . Le groupe Manoba ."

Stout a déclaré: "Ils factureront probablement suffisamment pour cette compétence."

" J'ai aussi entendu une rumeur vaine selon laquelle, dans quelques cas, la discorde au sein d'un groupe était atténuée par un suicide soudain. Vraisemblablement, un psychologue peut s'impatienter et appuyer sur un certain bouton dans l'esprit... "

"Cela semble être une bonne idée", a déclaré Beldman . "Pensez-vous que si nous offrions à ce Manoba le bon type d'argent..."

"Vous ne voulez pas dire cela, Monsieur Beldman ", coupa le président d'un ton réprobateur. "Tu plaisantes encore."

"Nous sommes tous de grands farceurs", a déclaré Beldman en riant.

Tout le monde a rigolé.

"Je propose que nous votions une somme pour l'embauche d'un psychologue de Manoba ."

« Deuxièmement, que diriez-vous de cinq cent mille ?

"Je ne connais pas leurs honoraires", objecta prudemment le président.

"Vous pouvez restituer tout excédent. Nous risquons de perdre davantage que cela, de plusieurs ordres de grandeur. Dépensez-le à votre discrétion."

"Faites-en sept cent mille. Donnez-lui un peu plus de place."

"Je bouge tellement."

"Appuyé."

"Portez-le au vote."

Ils glissèrent leurs mains sous le bord de la table devant leurs sièges respectifs, et chacun passa ses doigts sur deux boutons cachés là, devant lui, choisit entre le bouton *oui* et le bouton *non* et appuya sur l'un, le choix de ses doigts invisible des autres.

Deux chiffres s'allumèrent sur le petit panneau divisé devant le président. Il les regardait avec son visage doux et sans expression. "Rejeté par une voix."

L'unanimité était la loi dans les décisions du conseil d'administration, ce qui, selon une loi naturelle, était probablement la raison pour laquelle aucun amour ne se perdait entre eux, mais cette fois l'irritation était contenue par l'intérêt. Ils étaient assis à regarder les expressions de chacun avec des regards qui semblaient désinvoltes. À qui appartenait la seule voix ?

"Je propose que le vote soit répété et rendu ouvert", a déclaré quelqu'un.

"Appuyé."

"Tous ceux qui sont en faveur du crédit pour le psychologue, levez la main gauche", a demandé le président.

Ils obéirent et se regardèrent. Toutes les mains étaient levées.

"Le deuxième vote est adopté", dit le président sans intérêt apparent. "Pour ma propre curiosité, l'homme qui a voté non lors du vote secret la première fois s'exprimera-t-il et expliquera-t-il ses objections, et pourquoi il a changé d'avis lors du vote public ?"

Il y eut un moment de silence – Neiswanger regardant ses ongles soignés, Bryce Carter fumant et souriant légèrement comme il souriait toujours, Stout penché en arrière scrutant nonchalamment ses yeux de face à face. Beldman alluma un cigare et libéra un nuage de fumée bleue avec un soupir de contentement. Personne n'a parlé.

"Messieurs", dit le président. "Il est tout à fait probable que le coupable soit parmi nous."

"Peu importe le mélodrame, John." Irving tapota la table avec impatience. "Nous avons réglé ce problème. Passons aux choses suivantes."

II

Dans le salon de sortie au cinquième étage, Bryce Carter s'arrêta un instant et se regarda dans le miroir. Cou épais, corps épais – un physique si uniformément et si fortement musclé qu'il paraissait gros jusqu'à ce qu'il bouge. Au sommet du corps épais, un visage maigre qu'il n'aimait pas le regardait. Il était bronzé foncé, avec des taches de rousseur sous-jacentes presque noires. Des années s'étaient écoulées depuis qu'il avait travaillé dans l'espace, mais son bronzage spatial restait indélébile. Ce n'était pas un visage fade ou joli.

Lors du dîner, en pleine discussion avec M. Wan, il avait été surpris de se retrouver à sourire de temps en temps, de manière irrépressible. Il espérait que cela avait eu l'air cordial et ne ressemblait pas trop à un chat appréciant la compagnie des souris.

Ils n'avaient aucune défense contre lui. L'organisation de la drogue n'a jamais pu être attribuée à lui. La connexion était trop bien cachée. Même l'organisation ne savait rien de lui.

La seule preuve qui pouvait établir le lien se trouvait dans son propre esprit. Le seul témoin contre lui était lui-même. Il repensa à la réunion et au dîner, mais rien n'avait échappé au premier choc de l'annonce du président, et cela n'avait été remarqué par personne. Le psychologue qu'ils avaient engagé pourrait peut-être avoir un éclair d'expression trahissant de sa part lors d'un entretien, de nombreux observateurs bien entraînés des réactions humaines pourraient lire des expressions aussi attentivement, mais l'entretien de tout le Conseil par le psychologue était peu probable. Les directeurs du Conseil montaient déjà dans des trains et des avions strato pour se disperser vers les points les plus éloignés de la terre. Il faudrait plusieurs jours à un psychologue enquêteur pour interroger chacun d'entre eux. Lui et Irving seraient les derniers sur la liste, car il est allé à Moonbase City et Irving à Luna City.

Il avait des semaines.

Il sourit, attachant des bandes à ses poignets qui les pliaient étroitement sur ses poignets, fermant la fermeture éclair de son costume et enfilant des gants. Il se regarda à nouveau. Alors qu'il portait un costume d'affaires classique en soie sombre avec une cape courte, il semblait maintenant porter une combinaison de ski sur mesure avec une étrange capuche, ou une combinaison pressurisée sans bottes ni casque, ce dont il s'agissait. Porter la fermeture éclair plus haut aurait transformé la cape en une bulle de casque hermétique.

Les employés et les cadres qui entraient et sortaient du bâtiment de l'UT jetaient aux vêtements un regard approbateur et intéressé à leur passage. La justification par l'utilité était évidente. Il avait coûté de l'argent pour avoir une combinaison pressurisée conçue suffisamment légère et flexible pour être portée confortablement, mais il y avait longtemps qu'il était devenu irrité par le travail répétitif consistant à enfiler et à retirer des vêtements à chaque fois que l'on franchissait un sas spatial, alors que les surcapes et les cagoules étaient il fallait sortir de toute zone tempérée pour construire en terre en hiver.

Une combinaison pressurisée était complètement indépendante des conditions météorologiques et régulait sa propre chaleur interne. Depuis que la combinaison avait été conçue, le fabricant avait commencé à recevoir un nombre croissant de commandes de copies et était maintenant lancé en production de masse. Probablement, au cours de ces cinq minutes, il venait de réaliser beaucoup plus de ventes pour le fabricant.

Il était en train de définir un style, pensa-t-il avec une agréable surprise en sortant du bâtiment. Le vent salin le frappa avec une bouffée de froid, et le câblage thermostatique automatique de la combinaison répondit par une vague de chaleur alors qu'il se penchait face au vent et commençait à marcher. Le lien entre l'Union Hotel et le bâtiment qu'il venait de quitter était un trottoir voûté qui s'incurvait entre eux, cinq étages au-dessus du sable et des vagues.

L'hôtel était un bâtiment d'une hauteur impressionnante sur le ciel déchiqueté, et tandis qu'il marchait, une lueur jaillit du coucher de soleil caché et le mit en lumière ainsi que les nuages bas fuyant d'un rouge soudain brillant. Il s'arrêta et s'appuya contre la balustrade pour observer les lueurs rouges se reflétant sur la baie. Des nuages rouges et violets s'enfuyaient à basse altitude, leurs couleurs changeant à mesure qu'ils se déplaçaient. C'était quelque chose qu'un homme ne pouvait pas voir dans l'espace ou sur la lune.

Mais au bout d'un moment, il ne pouvait plus en profiter pleinement, car il était observé. Le sentiment était inquiétant.

Maudits idiots, pensa-t-il, et il se tourna avec irritation, espérant à moitié qu'il s'agirait au moins d'une connaissance ou de jolies filles.

Mais personne ne le surveillait.

Quelques piétons passaient précipitamment car la nuit tombait et la vue dont ils étaient venus profiter s'estompait. Le vent enroulait leurs capes enveloppantes autour d'eux et les faisait tous paraître anormalement grands et colonnaires.

Il faisait plus sombre. Les lumières du trottoir s'allumèrent brusquement dans un flot de lumière ambrée qui épaississait le crépuscule au-delà de leur cercle en un rideau d'obscurité violet opaque.

Il a remarqué un piéton marchant lentement vers lui depuis la direction dans laquelle il était venu. La silhouette s'approcha plus lentement qu'il ne semblait naturel, la tête baissée et les mains dans les poches comme perdue dans ses pensées.

Une bande-annonce de l'agence de détectives ? C'était trop tôt pour cela. S'il avait été convenu que chaque membre du Conseil soit suivi, cela n'aurait pas pu être arrangé et commencé si tôt.

D'ailleurs, il y avait quelque chose de plus mortel que cela dans l'indifférence de l'homme qui marche.

Un tueur arrangé par Beldman ? Il serait naturel que Beldman ou Stout tentent leur chance et ripostent directement. Mais il n'y avait aucune preuve. Comment l'un ou l'autre aurait-il pu décider qui blâmer ou qui combattre ?

Les quelques immenses bâtiments qui se dressaient sombres sur le ciel nocturne étaient désormais éclairés par des lumières allumées dans des centaines de fenêtres. Entre eux s'étendaient en longs espaces minces les promenades aériennes et les colliers de lumières ambrées qui les dessinaient. Le vent soufflait plus froid sur les promenades et la vue sur la mer et le ciel qui était désormais visible depuis eux était effacée par la nuit. Les marcheurs entraient. Il y avait peu de chances de s'abriter dans la foule, ou même de ne garder qu'un ou deux marcheurs entre lui et celui qui le suivait.

À la première vue de la silhouette qui approchait , il s'était instinctivement appuyé contre la balustrade en béton et avait sorti son arme de son étui de poche, la tenant légèrement dans sa main gantée.

Un couple âgé et une femme d'âge moyen vigoureuse se précipitant dans la direction opposée le regardèrent sans intérêt ni inquiétude. Sa pose n'était pas menaçante et, de toute façon, la plupart des hommes ayant suffisamment d'argent pour voyager portaient des armes à la main.

Il s'agissait d'un effet indirect d'une décision des nations fédérées selon laquelle seules les armes de poing d'une durée de vie réglementée devaient être fabriquées pour l'armement des nations. La décision avait été soigneusement étudiée pour d'autres effets secondaires, car toute nation devenant trop centralisée et militariste était susceptible d'armer universellement ses citoyens pour une plus grande puissance militaire par le nombre, et de subir ensuite les conséquences naturelles d'avoir armé son opinion publique.

Un homme armé n'a pas besoin de voter pour être compté, et une fois qu'il a appris cette leçon, le sentiment qu'un homme armé portait sa déclaration des droits dans sa poche en a fait la première clause des constitutions écrites et non écrites de nombreuses nations soudainement démocratiques. "Le droit des soldats de porter des armes ne doit pas être restreint." Ils ont gardé leurs armes.

Et avec des armes instantanément disponibles pour les colériques, les duels sont redevenus habituels dans la plupart des endroits.

Tout cela n'a eu que peu d'effet sur les grands pays industriels calmes qui avaient dirigé l'ONU et dirigent maintenant le FN, mais cela a facilité leur décision selon laquelle, puisque dans l'espace, le maintien de l'ordre est presque impossible, les citoyens qui s'y aventurent doivent être armés pour se protéger. . Ainsi, malgré les protestations constantes d'une minorité de moralistes chrétiens, une poche-étui était désormais intégrée à toutes les combinaisons spatiales.

Bryce avait grandi dans un pays de famine, une région presque sans police, et les armes étaient aussi familières à ses mains qu'à ses doigts depuis qu'il avait dépassé douze ans. Et lorsque, en tant qu'ouvrier sidérurgique, il avait été l'un des premiers colons des villes fonderies de la ceinture d'astéroïdes, il n'y avait pas trouvé la vie plus douce. Mais tout allait bien pour lui. Il avait entendu parler de modes de vie plus sûrs et plus ennuyeux, mais il n'en avait jamais voulu. La vie de responsable des transports sur la lune avait été un court intervalle de non-violence, cinq années de calme surprenant auquel il ne s'était pas encore habitué.

L'arme tenait dans sa main aussi confortablement que son pouce, ou que la poignée de main d'un vieil ami de confiance, mais elle était inutile ici. À contrecœur, il le remit dans sa poche et se remit à marcher. Un directeur de l'UT ne pouvait pas tirer sur les gens par intuition.

Il s'était à peine arrêté en comptant jusqu'à dix, et il y avait encore une distance entre eux lorsqu'il s'était retourné, mais le disciple pouvait maintenant marcher plus vite, réduisant ainsi la distance entre eux.

S'il avait attendu et tiré, une inspection des poches de l'homme aurait pu confirmer son jugement par la découverte du pistolet à aiguille illégal d'un assassin. Cela seul pourrait suffire à satisfaire la police s'il n'était encore qu'un simple travailleur de l'espace , mais un directeur de l'UT ne pourrait pas vivre cela avec désinvolture. Il serait difficile d'expliquer sa certitude à la police, et encore plus difficile à expliquer aux journaux. Il ne pouvait pas se permettre ce genre de publicité.

Bryce laissa échapper un léger juron et allongea le pas.

Il dut attendre la preuve des intentions du disciple. Et la seule preuve serait d'avoir été attaqué, et la première preuve, puisque les pistolets à aiguilles sont silencieux et discrets, serait probablement une aiguille chargée de curare dans son dos.

Après cela, le disciple pouvait discrètement laisser tomber son arme sur la balustrade, son mécanisme d'autodestruction étant réglé pour la faire fondre avant qu'elle n'atteigne les sables bien en contrebas.

Cependant , comme le disciple ne courrait certainement pas ouvertement après lui, la chose la plus logique à faire, décida Bryce, était de courir jusqu'à l'hôtel comme s'il était pressé. L'idée l'irritait.

Il continua son chemin, ralentissant perversement. C'était irrationnel de marcher, et il le savait, mais il marchait, et savoir que c'était irrationnel l'irritait encore plus. La peau entre ses omoplates le démangeait méditativement dans sa propre anticipation imaginative de l'entrée d'une aiguille. A quoi ça lui servait d'être fier de son cerveau quand il se mettait dans un endroit où il se promenait comme une cible ?

Il contrôla sa rage croissante mais il marcha.

Le ciel était maintenant totalement sombre et il n'y avait plus que deux ou trois couples devant lui sur la fine travée de béton et un vieux couple qu'il venait de dépasser, de sorte qu'ils se trouvaient entre lui et le suiveur. Mais ce n'était pas un écran adéquat.

Loin au-dessus planaient les taxis aériens. Et maintenant, il voulait un taxi. Il s'approchait d'un endroit où se trouvait un stand de hack. Juste devant, à mi-chemin, là où la courbe ascendante du trottoir s'est stabilisée et a commencé à s'incurver, une passerelle étroite s'avançait dans l'espace avec une petite plate-forme d'atterrissage à son extrémité. "TAXI", une flèche luminescente lui brillait directement alors qu'il s'approchait d'elle.

Il marcha rapidement le long de la passerelle grillagée, constituant une cible parfaite qu'il connaissait, se découpant dans la lueur. Il jura dans sa barbe, arrivant au bout. Ici, il a fait une cible encore plus parfaite, avec la seule lumière vive qui projetait son éclat sur le banc et la plate-forme d'atterrissage, le mettant en lumière dans l'obscurité de la nuit. Le banc était constitué d'une fine grille de fer. Il n'offrait aucune couverture.

Il avait besoin d'une couverture. Il considéra le pilier en béton blanc de la lampe, posa sa main sur la balustrade et sauta pour s'asseoir dessus avec désinvolture, une chute de cent cinquante pieds derrière lui et la largeur du lampadaire entre lui et le disciple, qui était maintenant une silhouette immobile appuyée contre la balustrade du trottoir près du début du podium.

La vue de la silhouette insolemment allongée n'apaisait en rien son irritation. Cette évasion n'était pas la manière dont il souhaitait faire face à une menace. Il y avait une bizarrerie dans l'attente de cet homme. La portée était faible et il ne tirait probablement pas, même s'il aurait eu l'air de ne pas le faire de toute façon, mais s'il ne voulait pas saisir cette chance pour tenter de tuer, pourquoi s'est-il ouvertement exhibé, éveillant les soupçons et couper les chances futures ? Une poussette innocente ou même une simple caravane de l'agence de détectives aurait continué son chemin.

Au-dessus, le drone d'un taxi s'approchait et l'avait repéré dans la flaque de lumière vive du stand de hack.

Il y avait quelque chose dans la confiance insouciante de l'intérêt ouvert du disciple à son égard qui lui faisait dresser les poils du cou comme aucune menace directe n'aurait pu le faire, et remplissait le grondement des vagues cachées dans la nuit d'une menace obscure. L'homme a agi comme si son travail était terminé, décroché.

Bryce trouva la réponse alors que le taxi descendait sur des pales sifflantes et s'installait sur la plate-forme. Glissant de la balustrade, il s'y dirigea, les jambes raides. La lumière était éteinte à l'intérieur et le chauffeur de taxi n'est pas descendu ni n'a tenté de lui ouvrir la porte. Bryce tourna la tête et se retourna comme pour jeter un dernier coup d'œil à la silhouette qui l'observait, saisissant la poignée de la porte avec sa main droite comme s'il tâtonnait aveuglément. Il était gaucher . Lorsque la porte fut entrouverte, elle cessa de s'ouvrir, et ceux à l'intérieur virent le museau d'un magnamatique dans sa main gauche qui les regardait à travers la fente.

Il est plus facile d'attraper des loups si on est déguisé en lapin, lui avait dit un jour Pop Yak. Il devait avoir l'air d'un connard complet, commençant à monter dans un taxi sombre avec la tête tournée en arrière !

"Ne bouge pas," dit Bryce, une partie de sa colère atteignant sa voix dans une râpe mordante. À l'intérieur, le conducteur était figé, la tête suffisamment tournée pour voir l'éclat d'un museau derrière son cou, et dans le coin le plus sombre de la banquette arrière, là où il n'aurait dû y avoir personne, il y avait le visage pâle et flou d'un visage, et un main tenant quelque chose. Bryce savait qu'un coup de feu ne pouvait l'atteindre que par la porte de protection en acier ou la fenêtre incassable, et un homme hésiterait avant de tirer à travers une vitre lorsqu'il regardait la gorge de l'arme de Bryce. Bryce attendit qu'il réfléchisse.

La main de l'homme assis sur la banquette arrière est devenue nette alors que ses yeux s'adaptaient à l'obscurité à l'intérieur, et il pouvait voir qu'elle tenait une arme à feu. L'arme ne visait rien de particulier. Il était figé en plein mouvement. L'homme avait un demi-sourire figé sur le visage, probablement de la façon dont il souriait juste avant que Bryce ne parle.

"Ouvre ta main. Lâche-la." L'éclat du pistolet disparut et il y eut un léger bruit sourd venant du sol. Bryce ouvrit la portière et se glissa sur le siège arrière, attentif aux mouvements, prêt à tirer. "Face devant!" Ils se faisaient face comme deux marionnettes, peut-être que la râpe incontrôlable de sa voix était convaincante. Il ne savait toujours pas de qui il s'agissait, ni pourquoi ils avaient été embauchés. Il ne servirait à rien de les interroger car eux non plus ne le sauraient pas. Il pouvait deviner de qui il s'agissait, un nom lui venait à l'esprit, mais il n'y avait aucun moyen de le vérifier. Ce genre d'affaires ne cadrait pas bien avec l'équilibre crucial de ses projets pour les deux prochaines semaines. "Faites attention," dit-il peut-être inutilement, "Je suis nerveux. Union Hotel s'il vous plaît."

Le court trajet jusqu'à l'hôtel s'est déroulé dans un silence de mort, l'homme dans le coin opposé bougeant à peine assez pour cligner des yeux. Il était d'âge moyen, avec des lignes résignées et affaissées sur son visage ambitieux et déçu, mais il était assis dans une immobilité d'attente que Bryce reconnaissait comme quelque chose à surveiller. Il y avait probablement une autre arme à portée de main de cette main droite passive.

Le roter a dérivé jusqu'à un espace d'atterrissage sur le toit éclairé de l'hôtel et s'est installé avec une légère bosse. "Ne bouge pas." La tâche maladroite et minutieuse consistant à ouvrir la porte vers l'arrière avec sa main droite et à sortir sans quitter l'un d'eux des yeux était d'une lenteur fastidieuse.

Une fois sorti, il claqua vivement la porte. "Décoller." Ce n'est que lorsque les lumières rouges et vertes se sont estompées au loin qu'il s'est détourné, a mis son arme dans sa poche et s'est dirigé vers la large porte menant aux ascenseurs. Alors qu'il passait devant le détective de l'hôtel qui se tenait dans l'embrasure de la porte, le détective rembourrait une tétine de police de grande taille. Apparemment , il avait été prêt à assommer impartialement toutes les personnes concernées dès le premier signe de problème, ce qui expliquait probablement pourquoi les passagers de l' avion n'avaient tenté aucune représailles. Le détective lança un regard froid à Bryce en passant, probablement en signe de désapprobation des invités brandissant des armes dans les locaux de l'hôtel.

III

Dans sa luxueuse chambre d'hôtel, Bryce vérifia sa montre. Huit heures. Un appel téléphonique était prévu dans la demi-heure. Il a demandé qui était derrière l'attaque de la nuit et a décroché le téléphone. Le système de numérotation était en contact automatique avec n'importe quelle ville du monde. Il a composé.

Quelque part dans une ville, un téléphone sonna. Il sonnait inaudible, car il était enfermé dans un coffre-fort dans un petit bureau loué avec des mécanismes inhabituels attachés. La sonnerie s'est arrêtée brusquement et une voix enregistrée a répondu : « Ouais ?

Bryce prit un téléphone à ligne sur la table de nuit où il était posé innocemment comme un jouet qu'il avait acheté pour un enfant. "Salut Al," dit-il joyeusement au mécanisme automatique à l'autre bout du fil. "Écoutez, je pense que j'ai une nouvelle phrase pour ce thème de transition. Comment ça se passe ?" Il plaça le récepteur contre l'arrière du jouet et composa le numéro du jouet. Il répondait à chaque lettre et chiffre par une sonnerie de hauteur différente qui jouait une courte mélodie sans mélodie.

Les notes de pitch ont traversé la ligne et sont entrées dans le mécanisme, établissant les contacts qui composaient le numéro qu'il avait composé sur le téléphone jouet.

"Comment ça va ?" » dit joyeusement Bryce.

La voix enregistrée disait : "Ça a l'air bien. Je vais voir ce que je peux en faire." Quelque part au loin et sans qu'on l'entende, un autre téléphone avait commencé à sonner. "Tu veux parler à George ?"

"Bien sûr."

Un téléphone sonna dans une cabine de paiement quelque part dans une grande gare ferroviaire de la ville, et quelqu'un fouillant dans un stand de magazines ou assis sur une valise attendant apparemment un train se promena nonchalamment pour y répondre.

"Bonjour?" dit une voix évasive, prête à prétendre qu'il n'était qu'un étranger répondant au téléphone parce qu'il sonnait en public.

"Bonjour Georges, comment ça va ?" » a demandé Bryce. Ces mots étaient sa marque de commerce, les mots de passe qui l'identifiaient à tout le monde comme la Voix qui donnait des pourboires. Parmi l'organisation monstre qui s'était développée grâce à la fiabilité avérée de ces conseils, la voix était connue sous le nom de « Bonjour George ». Les conseils de Hello George étaient toujours bons, ils étaient donc suivis aussi aveuglément que les conseils de Dieu, même lorsqu'ils n'étaient pas compris. La certitude était une chose qui manquait le plus aux hommes du secteur de l'escrime et du trafic de drogue.

Ils communiquaient uniquement par téléphone. Ils transmettaient leurs marchandises en les déposant dans des casiers publics et en envoyant la clé par la poste. Ils ne se sont jamais vus ni entendus leurs noms, mais même l'utilisation d'une clé pourrait être un piège qui attirerait un cercle d'agents narcotiques de l'INC autour du malheureux qui tentait d'ouvrir le casier.

Au loin, au-delà du renflement de la Terre, un homme était assis dans une cabine téléphonique et attendait son pourboire. "Plutôt bien. Rien à redire. Comment vas-tu, des nouvelles ?"

"Je pense que vous feriez mieux de couper les connexions avec Union Transport. Ils deviennent assez bâclés. Je pense qu'ils pourraient renverser quelque chose."

" Wadja dit ?" " Demanda prudemment l'homme à l'autre bout du fil. " Je ne t'ai pas compris. "

"Mieux vaut arrêter d'utiliser UT pour l'expédition", répéta Bryce, formulant sa phrase avec soin. "Ils ne sont plus assez prudents. Vous ne voulez pas qu'ils ouvrent grand une affaire d'Inc , n'est-ce pas ?" L'INC était l'agence internationale de contrôle des stupéfiants du FN. Mais pour n'importe quel auditeur occasionnel sur les lignes téléphoniques, la conversation aurait ressemblé à une discussion innocente sur les difficultés d'expédition.

Les tons plats étaient plaintifs et désolés. "Mais nous attendons beaucoup de choses vendredi. Nos acheteurs s'y attendent." C'était de la drogue, et attendre était un mot doux pour les besoins des toxicomanes ! "Et nous avons plein d'objets divers à sortir." Le contact était un petit homme dans l'organisation, mais il savait évidemment à quel point les marchandises clôturées pouvaient être « chaudes ». "Ça ne peut pas attendre !"

Il avait prévu cela. "Peut-être qu'ils sont prêts pour les expéditions cette semaine. Je vais les mâcher pour être prudent, vérifier et rappeler vendredi. En attendant, rompez avec eux."

"Dites-leur quelques choses de ma part, le-" la voix lointaine ajouta une surprenante série d'adjectifs désobligeants. "Vendredi, quand ?"

"Vendredi vers… vers six heures." Le double « à propos » confirmait le signal d'un rendez-vous téléphonique général pour tous les numéros de contact.

"Vendredi vers six heures, d'accord." Il y eut un léger clic qui signifiait qu'il avait raccroché et que le téléphone dans le coffre-fort était ouvert pour d'autres appels sur son cadran jouet.

Bryce raccrocha, s'appuya sur son lit et appuya sur un bouton qui alluma la radio sur un programme semi-classique. Une musique apaisante entra dans la pièce et de lentes vagues de lumière colorée se déplaçaient au plafond. Il écouta un lecteur de livres et choisit une étude économique approfondie dans la liste des titres actuellement vendus par les vendeurs qui apparaissait au plafond. Le vaisseau lunaire quotidien devait décoller à cinq heures trente, son maximum à la position de la Lune de cette semaine. Demain soir à cette heure-là, lui et tous les autres membres du Conseil seraient hors de portée de toute observation ou analyse facile par leur chasseur d'esprit psychologique engagé.

Avec un léger frisson, il se souvint des flics psychopathes contre lesquels les gangs l'avaient mis en garde au cours de son enfance agitée et désespérée, et de ce qu'ils étaient censés vous faire lorsqu'ils vous surprenaient pour une troisième infraction.

Il était né dans un ancien quartier européen d'une ville chinoise, descendant de quelque chose d'orgueilleux et d'oublié appelé un bâtisseur d'empire, et avait grandi au sein des bandes mixtes d'enfants de toutes couleurs qui parcouraient les ruelles la nuit, pillant, volant et rupture. Le contrôle de la population était presque impossible dans un pays où la seule sécurité sociale contre la famine pendant la vieillesse était assurée par les fils, et la sécurité sociale était impossible dans un pays si corrompu par le désespoir des famines, si peu capable d'épargner les impôts nécessaires. La nation était trop immense pour être nourrie de l'extérieur, et le FN avait donc été laissé à sa misère jusqu'à ce que son peuple résolve son problème fondamental.

Ainsi, dans un monde éclairé, propre et riche, Bryce Carter avait grandi dans un bidonville dont la méchanceté grouillante était une question de prendre, voler, tuer, grimper ou mourir. Peut-être que dans ces circonstances particulières, la contrainte pénale de la police devait être brutalement forte, plus forte que la pulsion de vie elle-même, aussi brutale que les histoires sordides qu'il avait entendues. Peut-être que dans d'autres pays les méthodes étaient différentes, un homme converti à l'hypnose n'était pas une horreur pour ses amis, mais il n'avait pas eu le temps d'étudier et de vérifier s'il en était ainsi, et l'horreur et la haine restaient.

Mais il n'était pas nécessaire de penser au psycho-chasseur que la Commission lui avait confié, car au moment où le chasseur pourrait l'atteindre, l'UT serait tombée en tant qu'entité juridique, sa corruption serait complètement publique et le psychologue serait rappelé. avant de découvrir quoi que ce soit. Bryce pensa à la légère nervosité qu'il avait laissé transparaître aux premiers mots de l'annonce du président. Le seul témoin contre lui était lui-même. Son contrôle n'était pas parfait. Personne ne l'était. Mais il était en sécurité.

Il s'est concentré sur les premières pages des Principes fondamentaux de l'économie.

Dans le bâtiment sombre de l'UT , que l'on pouvait voir depuis sa fenêtre, quelques lumières brillaient encore là où l'équipe de nuit s'occupait des urgences.

Dans une petite salle de projection au cinquante-cinquième étage, un homme était assis et regardait un film de la réunion du conseil d'administration de l'UT de ce jour-là. Il n'a joué qu'un certain petit intervalle de vingt minutes , écoutant attentivement les voix : « Messieurs, votre attention s'il vous plaît… » En observant les visages : « La police est-elle au courant de cela ? ... "Pensez-vous que si nous offrions à ce Manoba le bon type d'argent..." "Le monsieur qui a voté non lors du vote secret la première fois prendra-t-il la parole et expliquera-t-il..." "C'est tout à fait probable que le conspirateur est parmi nous. » L'écran montrait les visages apparemment ennuyés et les poses détendues d'hommes habitués aux jeux de pouvoir, masquant habituellement leurs sentiments les uns des autres, changeant parfois légèrement leurs positions, certains fumant. "Nous avons réglé ce problème, passons aux choses suivantes."

Le spectateur a arrêté le film et l'a réinitialisé silencieusement. Cela a recommencé avec le président à l'écran frappant légèrement la table. "Messieurs, votre attention..."

Dans la salle de projection sombre , le président était assis à l'écart, fumant et réfléchissant pendant que le psychologue jouait le film pour la quatrième fois.

Le président se demandait à quel point l'observateur prenait au sérieux les propositions de M. Beldman sur ce qu'il devrait faire au coupable et s'il augmenterait ses honoraires.

Le téléphone a sonné.

"Quatre heures trente, M. Carter", dit la voix du veilleur de nuit dans le combiné.

Il était temps d'attraper le vaisseau lunaire de cinq heures trente. Il s'est aspergé le visage et la nuque d'eau froide jusqu'à ce qu'il soit réveillé, a pris une douche chaude, s'est habillé rapidement et a rendu sa clé au bureau à 16h45.

"Une lettre pour vous, Monsieur Carter," sourit-elle en la lui tendant. Depuis les haut-parleurs muraux, une voix douce mais pénétrante a commencé à répéter : " Ligne de bus pour le port spatial, départ dans douze minutes. Tous les passagers pour Luna City, la base lunaire, la ceinture d'astéroïdes et le souligne, veuillez vous rendre au pont d'atterrissage. Ligne de bus pour le port spatial qui part dans douze minutes—"

Il ouvrit la lettre après s'être installé dans un confortable fauteuil Morris dans l'Airbus. L'en-tête indiquait Recherche psychothérapeutique et gestion de conférences du Groupe MANOBA.

L'une des feuilles était un contrat d'une demi-page en petits caractères, apparemment un formulaire standard avec le nom de l'Union Transport Corporation tapé dans les espaces appropriés. Ci-dessus, il était imprimé en anglais clair et en gros caractères pour le bénéfice des lecteurs peu habitués aux contrats. "AVERTISSEMENT. Après avoir signé cette décharge , vous n'avez aucun recours légal ou réclamation en tant qu'individu contre toute blessure ou inconvénient physique ou mental que vous pourriez prétendre avoir subi en raison des activités du ou des psychothérapeutes sous contrat au cours de thérapie de groupe. Votre groupe est l'agent responsable. Il doit présenter toutes les réclamations et plaintes en tant qu'unité et peut se retirer du contrat en tant qu'unité. Ceux qui se retirent du groupe se retirent de la participation au contrat.

Bryce sourit. Ou en d'autres termes, si cela ne vous plaisait pas, vous pouviez quitter votre emploi et partir !

Il regarda l'autre feuille avec désinvolture. Il semblait s'agir d'une page explicative indiquant que le travail des Manoba était strictement confidentiel et qu'ils n'étaient pas tenus d'expliquer ce qu'ils avaient fait ou faisaient ou de donner leur identité à tout membre de la société qui les avait embauchés. Il n'y avait rien qui ressemblait à un discours commercial sur les résultats, et la seule chose qui s'en rapprochait était une dernière phrase raide renvoyant quiconque était curieux des résultats d'un tel traitement au National Certified Analytical Statistics of Professional Standing dans tel ou tel bulletin de tel ou tel. années.

Il a signé le contrat en souriant et l'a posté à un guichet postal et télégraphique pratique du port spatial avant de monter à bord du vaisseau spatial.

Le téléphone sonnait.

Bryce se retourna, endormi, et le ramassa. "Huit AMLSSS Monsieur," dit la voix douce de l'employé de la réception.

"D'accord," grogna-t-il en jetant un coup d'œil à sa montre et en raccrochant. Il était huit heures deux minutes, mais il ne l'a pas vérifiée. S'il plaçait bien la voix, elle appartenait à une brune exceptionnellement jolie. Il n'avait pas encore essayé de sortir avec elle, mais elle avait l'air accessible et Mona devenait ennuyeuse.

Il tourna la molette de la tête de lit qui inversait la polarisation de la fenêtre et se leva à contrecœur, s'étirant tandis que la lumière du soleil inondait la pièce. Il faisait jour sur Moonbase City. Il faisait jour depuis une semaine, et il ferait encore jour pendant encore une semaine.

À travers le filtre adoucissant du verre hermétique, la vue des parois lointaines du cratère et des tours étanches à l'air de Moonbase City brillait dans une magnificence gravée, mais il n'y jeta qu'un coup d'œil. C'était toujours pareil. Il n'y avait aucune météo sur la Lune et aucune variété de vues.

"Bonjour", sourit-il en croisant un chasseur dans les couloirs luxueux et aux couleurs profondes.

"Bonjour, Monsieur Carter," répondit rapidement le garçon avec un sourire nerveux et impatient.

Bryce avait rattrapé la direction à cause de plusieurs petites erreurs, et ils le connaissaient tous désormais. Il continua son chemin, content. Efficacité... Personne ne lui a accordé un second regard ni ne l'a remarqué dans les rames de métro, mais cela ne l'a pas irrité. Un jour, ils le feraient. Un jour, le monde entier connaîtrait son visage aussi bien que le leur. Il leur promit cela en silence, puis s'installa pour se concentrer sur une planification constructive avant d'atteindre le bureau. Il n'allait pas perdre son temps à regarder des publicités ou à écouter de la musique comme les autres.

« Monsieur Carter ? dit une voix hésitante derrière lui alors qu'il cherchait la poignée des portes du bureau.

"Qu'est-ce que c'est?" » demanda-t-il sèchement en se retournant, mais lorsqu'il vit qui avait parlé , il sut exactement de quoi il s'agirait.

« Pardonnez-moi, Monsieur Carter, mais… » C'était un astronaute, une épave maigre d'homme portant des vêtements qui pendaient sur lui. Un drogué, un toxicomane. Bryce connaissait les signes. Il avait dépensé tout son argent et s'était retrouvé sans nourriture pour acheter sa drogue, et maintenant il se souvenait, grâce à son discours à Belt, que Bryce Carter était une personne douce pour un prêt. "Peu importe," grogna Bryce en se dirigeant à nouveau vers la porte.

Il a contribué à la contrebande de ces objets, mais cela ne voulait pas dire qu'il devait admirer les imbéciles qui les ont pris. L'homme marmonnait quelque chose à propos d'un prêt lorsque la porte se ferma et lui coupa la parole. Le prêt serait dépensé pour acheter davantage de déchets. S'il avait voulu manger, il aurait pu s'inscrire dans un hôpital public pour suivre le remède, et être emprisonné et nourri jusqu'à ce que la faim de sa drogue disparaisse et le libère. The Cure fut un bref enfer, mais c'était une juste récompense pour s'être amusé, et si le toxicomane avait du courage , il y ferait face. Chaque fois qu'il serait prêt à payer le prix de sa sortie, il pourrait redevenir un homme.

Bryce traversait les bureaux avec irritation. Peu importe que les Terriens choisissent de perdre leur temps dans une extase artificielle, mais c'était différent de voir un bon astronaute de la Ceinture se laisser aller.

La réceptionniste leva les yeux avec effroi à son passage et lui dit un bonjour spécial, avec un sourire tremblant et très désireux de plaire. Il l'avait toujours au stade d'un nouvel emploi où elle avait peur de perdre son nouvel emploi à cause d'une mauvaise référence. Au début, il valait mieux les mettre partout sur les haies.

Il lui fit un sourire condescendant alors qu'il traversait les bureaux intérieurs. "Bonjour." Elle était assez tremblante. Quelques colères froides bien simulées contre des erreurs mineures avaient donné de bons résultats. Désormais, il lui suffirait de sourire pour donner le maximum de loyauté et de travail acharné. Qu'avait dit Machiavel ? "Faites-leur craindre votre colère, et ils vous seront reconnaissants de votre patience ."

Il ne prit pas la peine de parler à Kesby lorsqu'il passa devant la porte ouverte de son bureau. Kesby n'avait pas besoin de sourires ou d'éloges, il travaillait loyalement juste pour la rare reconnaissance brève qu'il avait bien fait. Trois années de direction en avaient fait un bon lieutenant, tout à fait fidèle. Lorsque Bryce quitterait Union Transport, Kesby le suivrait.

IV

Il entra dans son luxueux bureau intérieur avec ses tapis profonds et ses couleurs apaisantes et son large bureau confortable avec son haut-parleur et ses téléphones qui étaient comme les fils nerveux du pouvoir, et s'assit confortablement comme un roi sur un trône ou un écorcheur de mules. sur le siège du conducteur avec dix paires de rênes dans chaque main. Il ne se sentait jamais complètement éveillé et en pleine forme le matin jusqu'à ce qu'il soit ici.

Une bonne pile de lettres et de mémos l'attendait sur le bureau. Au-dessus de la pile de courrier se trouvait une lettre intitulée PRIVÉ dans une enveloppe de télégramme spatial . Il ne reconnut pas le nom en tête mais l'adresse de retour était General Delivery, Reef Three, The Belt. On y lisait :

Quelque chose d'urgent est survenu. Je dois te voir. Organisez quand. Bob. Roberto Orillo , qui avait été son manager dans la petite lignée que UT lui avait enlevée, est désormais propriétaire d'une petite lignée qui lui est propre et qui évite soigneusement la concurrence avec UT dans la Ceinture.

"Arrangez-vous quand." Ils ne pouvaient se rencontrer qu'en secret. De quoi Orillo voudrait-il discuter ?

La théorie qu'il avait gardée au fond de son esprit pendant trois jours donnait la réponse : Meurtre ! C'est Orillo qui était à l'origine de la tentative d'attaque sur Terre. Cette rencontre était un autre piège. Orillo voulait sa mort.

Roberto Orillo avait été son premier assistant avec le service d'expédition et de livraison que Bryce avait mis en place depuis l'époque où il n'était qu'un simple prospecteur d'astéroïdes avec un navire surchargé de fournitures et une volonté obligeante de vendre son surplus.

Après avoir organisé ses magasins itinérants dans les délais , il a remarqué qu'un nombre croissant de personnes commençaient à s'installer dans la Ceinture pour s'installer le long de son itinéraire sans investir dans le navire ou les fournitures appropriées, dépendant de lui, utilisant son navire pour un magasin et un service de bus, gonflant ses bénéfices. Il découvrit que partout où il choisissait de prolonger une route et d'offrir du crédit pour un pieu, des colons apparaissaient et une communauté commençait à se développer.

Il a absorbé cette leçon et a élaboré des plans.

UT les a bloqués. Gérant ses navires-magasins selon leurs tournées régulières, accordant des prêts, négociant des accords, prenant la moitié des intérêts dans des idées qui semblaient rentables, vendant du carburant et de l'électricité, liant subtilement ses clients à lui par des liens de dépendance plus profonds que le péonage, Bryce découvrit soudain que UT, dont marque n'avait jamais été vue dans la Ceinture auparavant, avait embarqué cinq navires calqués précisément sur le sien, mais plus grands, plus magnifiques et plus chers, et les avait mis en route sur le même cap que le sien mais avec un jour d'avance. Ses clients le lui ont dit. Ils s'excusèrent mais ils avaient acheté sur le bateau qui était arrivé le plus tôt, attirés par les paillettes et les prix avantageux.

Ce fut un coup fatal, et c'était évidemment censé l'être. Les dirigeants de l'UT étaient sages en matière de pouvoir et, avec un argent illimité, ils pourraient le mettre en faillite.

Ce jour-là, Bryce comprit qu'il ne pouvait pas combattre l'UT de l'extérieur, et il vit un rêve d'empire plus grand que celui qu'Alexandre aurait jamais rêvé d'être arraché de ses mains. Lorsqu'une offre délicate et conciliante lui est venue de l'UT pour une fusion et un échange d'actions au double de sa valeur, il a vu qu'il s'agissait d'un pot-de-vin indirect pour sa soumission silencieuse et sans plainte à Spaceways ou à la Commission Anti-Cartel du FN, et il comprit que la seule façon de rivaliser avec la gigantesque entreprise était de la détruire de l'intérieur.

Il a brigué un siège au conseil d'administration. Ils le lui ont donné.

Et en trois ans, il avait accompli un travail efficace en corrompant et en sapant l'UT au point où elle était sur le point de tomber. L'UT avait encore une semaine à vivre dans un service public respecté avant qu'un public indigné ne le déchire.

Bryce avait quitté Orillo dans la Ceinture pour créer une petite entreprise de livraison desservant des points isolés peu peuplés où les bénéfices étaient trop faibles pour perturber UT. Ce serait cette société qui reprendrait et rachèterait l'équipement UT lorsque Spaceways démantelerait la société monstre, et il était prévu qu'Orillo propose à Bryce un partenariat complet lorsque cet événement aurait lieu.

Mais peut-être Orillo s'est-il opposé à partager son règne avec un partenaire. Et peut-être qu'Orillo avait toujours objecté au fait que Bryce était le seul à savoir qu'Orillo était un fugitif de la justice. Bryce n'avait jamais vraiment été capable de dire ce qui se passait derrière le beau visage blond et les yeux bleus impassibles de son assistant.

Bryce l'avait pris en main et lui avait donné un emploi après qu'Orillo ait fui une accusation de meurtre en Afrique du Sud. Et Bryce avait organisé les opérations qui donnaient à Orillo un nouveau visage, de nouvelles empreintes digitales et un avenir serein. Seul Bryce pouvait désormais donner la parole à la police qui pourrait procéder à l'examen qui montrerait que la rétine d'Orillo correspondait à celle d'un homme recherché.

Mais si le meurtre s'était toujours caché derrière ces yeux bleu pâle impassibles, pourquoi n'y avait-il eu aucune tentative auparavant ? La réponse à cette question était simple. Jusqu'à cette époque, les activités de Bryce avaient été profitables à Orillo . Il avait vu où les plans de Bryce le menaient et voulait qu'ils réussissent, afin de pouvoir se mettre à la place de Bryce et en récolter les résultats.

Dans trois mois, la mort de Bryce serait la mort d'un partenaire et attirerait l'attention indésirable de l'enquête policière sur Orillo lui-même, mais maintenant, à ce stade, la disparition de Bryce Carter attirerait l'enquête policière et les soupçons uniquement sur l'homme déjà fragile et fragile. tissu miné de l'UT.

Bryce compta les profits et les pertes de sa mort pour l'homme qu'il avait aidé et sourit tristement. Pourtant, la demande de réunion pourrait être réelle et importante. Il devait tenter sa chance et rencontrer son ex-assistant et futur partenaire quelque part loin des témoins, de la reconnaissance – ou de la protection.

Prenant un bloc-notes qu'il a imprimé, *je vous retrouve vendredi ; 15h00 LM* , et a écrit les coordonnées d'une position dans l'espace pas très loin de la Terre, a indiqué les signaux clignotants du radar pour sa bouée et a accroché la feuille de mémo à l'enveloppe avec son faux nom et son adresse de retour. Sonnant sa secrétaire, il la lui tendit.

"Veillez à ce que cela soit renvoyé immédiatement. Un de mes amis semble être dans une sorte de pétrin."

C'était ça. Il se tourna vers son travail. Après environ une heure, la boîte d'interphone a cliqué et Kesby a dit de façon inattendue : « Un visiteur pour vous voir, patron. Puis-je l'envoyer ?

"Oui." La réceptionniste avait pour ordre strict d'exclure tout le monde, à l'exception de ceux dont le rendez-vous était prévu, et d'annoncer les noms et les entreprises des cas douteux pour qu'il décide, mais Kesby a dû annuler sa décision. Il avait l'air confiant. Probablement quelqu'un d'important.

Kesby ouvrit la porte avec une expression à moitié nerveuse, à moitié espiègle, "Votre visiteur", et la referma précipitamment lorsque la personne entra.

Il n'avait pas sa place là-dedans. Il était évident pour Bryce que, quel qu'il soit, il s'était laissé piéger par un mensonge.

Le jeune homme qui le surveillait dans son bureau n'avait aucun lien avec l'entreprise. Il était trop jeune pour un poste important. La fragilité de l'enfance était toujours avec lui. Mais cette impression s'est vite estompée sous le caractère impressionnant de sa position. C'était plus qu'une simple arrogance ou un sang-froid, c'était une confiance inébranlable. Comme si aucun échec ne pouvait être conçu.

Il se tenait en équilibre pour avancer ou reculer. Sa voix était encore une fois une surprise. Clarté totale absolue, presque sans inflexion, comme si les mots parvenaient à l'esprit sans avoir besoin d'une voix. "Si vous voulez me jeter dehors, c'est le meilleur moment pour le faire." Une peau brun foncé d'une des races sombres, des cheveux raides noir de jais, une paire d'yeux sombres qui étaient joyeux et vigilants et avaient l'impact de quelque chose de dangereux. Un fiel colossal, se disait Bryce. Il est peut-être aussi bon qu'il le pense. Il vendait probablement le pont de Brooklyn, et il n'aurait jamais dû y entrer, mais le fait qu'il ait réussi à dépasser Kesby lui valait la peine de poser quelques questions avant d'être expulsé.

"Que veux-tu?"

Il s'avança vers le bureau pour répondre. "Je veux être ton bras droit." Il sortit un paquet de cigarettes, en secoua une et l'offrit avec courtoisie. "Avoir un?" Bryce secoua la tête et le garçon en mit une entre ses propres lèvres et rangea le paquet. "Je m'appelle Pierce", dit-il en allumant la cigarette avec la flamme dans ses mains comme s'il avait l'habitude de fumer dans le vent. Il leva les yeux en plissant les yeux à cause de la fumée, secoua l'allumette et la laissa tomber dans le cendrier du bureau. "Roy Pierce."

Il était aussi à l'aise qu'une armée d'invasion. Bryce eut envie de rire.

Il connaissait très bien ce gamin, mais il ne savait pas où, quand ni comment. « Suis-je censé connaître le nom ?

"Tu te souviens de Pop Yak ?"

Bryce se souvenait de Pop Yak. Il céda avec un soupir et commanda dans la langue vernaculaire chantée de son enfance. "D'accord. Sitselfdel , discours coupe-coupe !"

Pop Yak était un homme grisonnant qui avait vu Bryce se battre avec un autre enfant. Ensuite, il avait emmené Bryce dans son magasin et lui avait donné de la glace et quelques conseils sur les sales combats. Peu de choses avaient pénétré la première fois, mais Bryce est revenu demander conseil à nouveau, apprenant que c'était l'endroit où on lui disait comment faire les choses et obtenir ce qu'il voulait. Pop était toujours patient avec son enseignement et avait toujours raison.

Il avait choisi Bryce comme agent pour vendre des drogues mineures aux autres enfants et servait de clôture pour les choses qu'il avait volées. Il l'a encouragé à étudier à l'école obligatoire et lui a prêté des livres. Et Pop a été le premier à lui donner des conseils sur les affaires légitimes et sur la façon de retirer de l'argent du bon côté de la loi et de réaliser un profit qu'ils ne pouvaient pas réaliser. Bon vieux Pop. "Paiera." Le garçon s'assit et se pencha en avant avec un léger mouvement de main intentionnel qui était le geste préféré de Pop, un que Bryce avait lui-même appris de lui.

"Il m'a dit que tu étais en train de monter." Roy Pierce le tenait avec un regard sombre et constant. "Je veux une part de ça, et je veux que ce soit facile, en attelant mon chariot à votre fusée. Vous pouvez m'utiliser. Un grand homme est trop public. Vous avez besoin d'une nouvelle main et d'une nouvelle voix, celle qui fait ce que vous voulez. ce que vous voulez faire, et peut le faire dans l'obscurité ou la lumière, sans votre nom - un remplaçant pour les alibis et un inventeur d'accidents pour qu'ils se brisent pour vous sans votre mouvement. Un bras gauche que vos ennemis ne reconnaissent pas comme étant le vôtre."

Il demandait à être le remplaçant de Bryce dans les choses qui devaient être faites sans lien avec lui-même, et qui pourtant devaient être faites par Bryce lui-même, car on ne pouvait faire confiance à personne pour en avoir connaissance.

Pouvait-on lui faire confiance ? Sa venue pourrait être un autre piège tendu par l'ennemi non identifié. C'était presque trop providentiel, presque trop opportun. "Références et capacités ?"

Roy Pierce a fouillé son portefeuille et lui a distribué une carte de profil d'aptitude appuyée par la liste des résultats du test universel en matière de formation et de compétences de l'autre côté. Bryce a joué avec la carte et étudié la jeunesse. Le garçon était bien habillé, dans un costume sombre du genre que Bryce préférait. Il avait l'air capable, propre, cool et impitoyable. "Armé?" » a demandé Bryce.

Une chose ressemblant à un cigare très épais est soudainement apparue dans la main de Pierce. L'extrémité pointée vers lui était solide, à l'exception d'un tout petit trou. Un pistolet à aiguilles, évidemment, chargé d' aiguilles rainurées de deux pouces et demi transportant de la drogue.

"Le sommeil ou la mort ?" » a demandé Bryce.

"Dors," dit Pierce en le rangeant. "C'est sous licence." Bryce se demandait ce qui le rendait si sûr de pouvoir faire confiance à ce gamin. Il analysait tout en interrogeant. Il ne prit pas la peine de regarder la carte.

"Des langues ?"

"Pidgin de base de la côte, symbolique et glot ." Anglais basique et Poliglot , les deux universels.

« À l'épreuve des détecteurs ? Les détecteurs de mensonges pouvaient être une nuisance, car ils étaient utilisés de manière occasionnelle et universelle sans avoir besoin de mandats légaux et de respect des immunités constitutionnelles et de la supervision médicale des interrogatoires sous hypnose.

Pierce sourit avec un éclat de dents blanches. "La première chose pour laquelle j'ai économisé mon argent."

Même s'ils parlaient un anglais standard, Bryce avait placé ses intonations presque au bloc dans lequel il avait grandi. Presque au demi-bloc ! Il était aussi familier que Pop Yak, aussi familier que son propre visage dans le miroir et aussi compréhensible. Bryce connaissait aussi bien l'intérieur de son esprit que s'il s'agissait d'un de ses propres lobes soudainement attachés. C'était comme se regarder dans le temps, plus jeune et moins complexe.

Pop Yak en avait produit un autre sur le même modèle, une copie plus jeune et plus simple de lui-même. Pierce faisait exactement ce qu'il disait, offrant ses services à Bryce comme il lui offrirait une épée, simplement pour le risque et le plaisir d'être un instrument dans un jeu de pouvoir avec des enjeux aussi élevés qu'il avait deviné le jeu de Bryce. Il n'y avait aucun danger qu'il soit une plante, ni qu'il crie sous la pression : le risque de mort ou d'arrestation faisait partie de sa rémunération.

<hr>

D'accord," dit Bryce. Il fit un geste de la tête vers un coin de la pièce derrière lui. "Asseyez-vous là-bas. Tu es mon cousin de Montehedo , et je te montre la ville." Il se tourna de nouveau vers son carnet de rendez-vous et lut. Après que Pierce eut placé une chaise dans la position indiquée, Bryce dit sans se retourner. "Cette semaine, je peux utiliser un garde du corps. Quelqu'un engage des tueurs pour moi."

Il n'y eut aucun bruit de mouvement pendant un instant. Bryce a eu l'impression que Pierce était plus surpris que ce que le fait justifiait. Mais sa question était douce et mortelle. "Une idée de qui ?"

"La ligne se forme vers la gauche." Bryce dit sèchement : « Rangez ce pistolet à aiguille et achetez quelque chose de légal qui tue. Il rendit une liasse de lettres, de mémos et de graphiques. "Lisez-les et apprenez." Pour une raison quelconque, il se sentait exalté.

Il est retourné au travail, acheminant les expéditions, modifiant les tarifs pour équilibrer les coûts de déplacement, abaissant les tarifs pour des incitations préliminaires sur les lignes qui pourraient fonctionner à moindre coût avec une charge plus lourde, utilisant occasionnellement l'analyseur de charge de communication de Bell et l'analyse de formule de Kesby pour un choix de moyens. d'éviter les goulots d'étranglement et les points de ralentissement de surcharge, en consultant parfois les cartes du système solaire accrochées aux murs.

Un bon service a créé une demande et une dépendance des clients à l'égard d'un bon service. Les producteurs qui fabriquent actuellement sur Terre avec les nouveaux matériaux expédiés de l'espace ne pourraient pas être privés de l'accès à ces nouveaux matériaux sans ruiner les fabricants. La Terre devenait dépendante du transport spatial.

Une fois que les clients l'ont reçu, ils en ont commencé à en avoir besoin. Il sourit à cette pensée. Il s'agissait d'un autre type de trafic de drogue, qui exerçait le même type de pouvoir potentiellement infini sur les clients.

Il y a une chose qu'il avait apprise dans le livre d'économie avec lequel il s'était débattu quatre nuits plus tôt, un principe simple et inexorable qu'il avait vaguement reconnu auparavant : comme il était difficile et plus coûteux d'expédier des marchandises de la Terre vers l'espace que de les déposer dans l'espace, La Terre depuis l'espace, les habitants de l'espace pourraient éventuellement être indépendants de la Terre et la Terre totalement dépendante des produits spatiaux.

Les potentialités du jeu d'affaires dépassaient tout ce que Pop Yak avait laissé entendre, mais le plus drôle était qu'il devait le découvrir étape par étape par lui-même. Ce genre d'excitation n'était pas dans les histoires. Les aventures des explorateurs, des chercheurs et des détectives étaient écrites dans des histoires, mais pas celles des hommes d'argent. La vie, la croissance, la mort et le chantage des individus étaient dans les histoires qu'il avait lues, mais pas le meurtre de planètes et de villes, le contrôle et le chantage de populations entières, dans cet étrange jeu juridique aux règles simples. C'est drôle, il n'y avait pas eu d'histoires effrayantes à ce sujet dans les magazines qu'il lisait quand il était enfant.

Il sourit : Eh bien, les enfants liraient à *son sujet* . Dans quinze ans , il aurait tout le monde sous sa coupe et ils souriraient, s'inclineraient et auraient peur rien qu'en lui parlant.

Le travail disparut rapidement, la pile de lettres et de rapports accumulés diminua et le téléphone sonna par intervalles.

Il a traité les plaintes avec soin, en formulant chaque lettre de réponse de manière à donner l'impression que lui, Bryce Carter, enfreignait personnellement la politique de l'entreprise pour satisfaire le plaignant, et en ajoutant un mot d'éloge sur l'intelligence et la lucidité de la lettre de plainte. Jusqu'à présent , il s'était ainsi fait un total de six cents alliés épistolaires. Les plaignants étaient généralement des types bavards et intrusifs qui exprimaient plus que leur part de l'opinion publique, et beaucoup le glorifiaient auprès de tous ceux dont ils pouvaient tenir l'oreille, ne serait-ce que pour faire savoir qu'ils étaient en bons termes avec un directeur de la grande UT.

La plupart des lettres étaient simplement amicales et bavardes, racontant des problèmes d'argent, des succès et des affaires familiales. À ceux-ci, il enregistra quelques remarques amicales sur une bobine de fil, racontant à chacun la même blague, et glissa chaque boucle de fil dans une enveloppe pour l'envoyer par la poste.

Pierce, étudiant une carte d'itinéraire de transport, a regardé et a souri à la sixième répétition de la blague, et Bryce a souri en retour et a continué à enregistrer une lettre à une adresse dans les Ozarks. "J'ai une jeune cousine de Montehedo , Miss Furnald , il est assis ici à regarder comment fonctionne un grand bureau d'affaires et il me sourit parce qu'on dirait que je veux juste m'asseoir et parler à mes amis toute la journée. Je J'ai cinquante-neuf lettres d'affaires ici auxquelles répondre - honnêtement envers Dieu - cinquante-neuf, je viens de les compter, alors je suppose que je vais m'arrêter et montrer à la jeune femme comment je peux travailler. Envoyez-moi cette photo du nouveau bébé de votre sœur. ".

Il a raccroché le porte-disque. Un électeur de plus et un ami fidèle à tirer pour lui lorsqu'il était une personnalité publique et que les choses devenaient difficiles.

Il sourit. C'était une vie étrange et un jeu étrange.

V

Lorsqu'il quitta le bureau avec Pierce, quelqu'un sortit d'un coin du couloir et s'agrippa à sa manche en parlant rapidement. Bryce effaça négligemment sa main et continua son chemin.

"Un drogué", fit-il remarquer à Pierce. Il y eut un mouvement rapide derrière eux qui les fit tournoyer sur le côté. Pierce se tenait à l'écart, le petit pistolet à aiguille dans la paume, attendant de voir s'il serait nécessaire, tandis que Bryce terminait le coup de main qui envoyait le couteau et la camelote chanceler sur le sol caoutchouteux du couloir.

"Dois-je le dénoncer ?" » demanda Pierce, faisant disparaître son pistolet à aiguille dans le même mouvement fluide qu'il était apparu, et indiquant un signe de téléphone.

"Non, ça n'a pas d'importance," continua pensivement Bryce. "Tout le monde veut me tuer en même temps."

Pierce a déclaré: "Il est facile d'influencer un homme misérable au point de mettre tous ses problèmes et sa haine sur un seul nom, comme Bryce Carter."

"Je sais", a déclaré Bryce. Il vit que le jeune homme brun et souriant était alerte, marchant un peu devant lui et jetant un coup d'œil rapide à gauche et à droite alors qu'ils approchaient des coins, des intersections et des portes encastrées où un homme pouvait attendre sans être vu, faisant son travail de garde du corps de manière efficace et discrète. "Si c'est l'homme que je pense", lui dit Bryce, reprenant le pas après avoir franchi le virage vers le métro, "il travaille contre un délai. C'est maintenant ou jamais. Il n'y aura plus de ça. après le mois prochain."

Pierce répondit après avoir jeté un coup d'œil à un miroir qui passait pour voir s'ils étaient suivis et après avoir analysé rapidement le quai de la gare. "Vos repaires habituels seront piégés. Mieux vaut rester en dehors de la routine."

Ce soir-là, au bout de la ville, ils dînèrent comme il le faisait habituellement avec Mona dans une boîte de nuit, ou seuls à la recherche d'un bon pick-up dans un bar à cocktails cher. C'était dans la zone de navigation autour des quais, à l'extrémité opposée de la ville par rapport à ses repaires habituels. Le plafond était bas et les lunettes frissonnaient et dansaient avec le tonnerre constant et sourd des jets qui frémissaient à travers le sol depuis les terrains d'atterrissage voisins.

Son nouvel assistant et garde du corps se montrait agréablement déférent, allumant des cigarettes pour lui, écoutant respectueusement ses opinions, l'entraînant avec des questions qui montraient qu'il comprenait ce qu'il écoutait.

Bryce ne se souvenait pas avoir passé un si bon moment à parler depuis qu'il avait quitté la compagnie des mineurs de météorites de la Ceinture. Tout ce qu'il disait semblait juste et même brillant. Tandis qu'il parlait et racontait des anecdotes sur sa vie et esquissait certains de ses projets , il voyait sa vie passée avec une vivacité particulière, comme s'il était un étranger qui la voyait pour la première fois. À la lumière de l'intérêt et de l'enthousiasme de son public, les événements prirent un nouvel éclat de divertissement, d'aventure et de succès là où ils semblaient n'être que travail, risque et routine à l'époque.

Ils avaient une soirée à passer. D'une manière ou d'une autre, Pierce entra en conversation avec un petit Égyptien qui aurait pu représenter Cyrano et qui avait le même air joyeux et impétueux à son égard. Raz Anna était son nom. Il prétendait être le calife de Bagdad, toujours incognito, ou peut-être un explorateur professionnel déguisé en indigène. Après quelques verres, il les enrôla, un peu confusément, comme les deux mousquetaires disparus et ils se retrouvèrent à errer bras dessus bras dessous de bar en bar et dans des ruelles sombres interrogeant les indigènes païens.

Bryce réalisa qu'il riait régulièrement et s'amusait d'une manière qui n'avait rien à voir avec le petit nombre de verres qu'il avait bu.

Il ne pouvait obtenir aucune déférence de la part de Raz. Raz ne s'en remettrait pas à Dieu lui-même, et cela ne servait à rien d'essayer de l'impressionner, car rien ne l'impressionnait. Apparemment, le joyeux petit homme au nez crochu n'avait aucune ambition ni envie de qui que ce soit, et ne voulait pas une vie meilleure que celle qu'il avait en ce moment.

C'était un nouveau monde étrange à travers lequel ils ont conduit Bryce – pas la méchanceté, la famine et la surpopulation de son enfance – pas l'égalité combattante des astronautes et des mineurs de roche, dont beaucoup sont recherchés par la loi – pas la simple hospitalité stérile des colons de l'île. le Belt qui lui devait de l'argent et qui l'invitait à leurs maigres dîners en signe de gratitude. Ceux qu'il avait toujours su garder à leur place et exiger un certain respect.

Même les hommes riches et puissants qui l'entouraient lui accordaient désormais une certaine mesure de déférence qui était une reconnaissance de sa force. Mais les deux mousquetaires qui l'accompagnaient et le monde qu'ils lui ouvraient ne semblaient respecter ni la distance ni la politesse, ni la crainte de la force. Des insultes amicales et une gentillesse non critique se mêlaient étrangement à la prétention solennelle et moqueuse du conte de fées, et cette partie était authentique et spontanée. Il ne semblait pas qu'il s'agisse exactement d'un genre différent de personnes : c'était le même genre de personnes approchées différemment. Il ne savait pas exactement comment cela se faisait, et il laissa les deux autres prendre les devants.

Peut-être avait-il trop bu, pensa-t-il en montant dans l'ascenseur de l'hôtel. Car rétrospectivement, la soirée était une brume de plaisir sur laquelle il était difficile de concentrer son attention. Tout ce qu'il avait dit, tout ce qui s'était passé lui semblait profondément juste, une atmosphère qu'il avait rarement rencontrée auparavant et seulement alors dans la dernière étape de l'ivresse. Mais il était sobre. Il n'avait bu que quelques verres et ses perceptions semblaient plus aiguisées que floues. Pourtant, là où il aurait dû y avoir des pensées critiques et des regrets pour ses erreurs et ses projets agités, il n'y avait qu'un agréable bourdonnement vide.

"Trop de paroles", pensa-t-il en bâillant alors qu'il marchait dans le luxueux couloir de l'hôtel jusqu'à sa chambre.

C'est cette nuit-là qu'il remarqua pour la première fois que quelque chose n'allait pas avec le miroir.

Il y jeta un coup d'œil nonchalamment tout en se déshabillant, puis pas si négligemment, s'approchant et inspectant son visage. Un léger picotement désagréable parcourait ses nerfs.

Un étranger : lorsqu'il essayait de se concentrer sur ce qui n'allait pas , il ne trouvait rien de différent, mais l'effet global était complètement faux. Il décida que ce devait être le miroir, une subtile distorsion du reflet. L'ancien a dû être cassé lors du nettoyage et un nouveau installé.

Le froid passa et la bonne sensation de vide persista. Il se coucha en révisant la soirée en souriant, et s'endormit sans recourir au calcul mental qu'il utilisait généralement pour vider son esprit des insatisfactions.

Le lendemain matin, le miroir avait toujours un aspect étrange. Il ne semblait y avoir aucun problème avec l'image réfléchie de la pièce, mais lorsqu'il se livra à l'inspection habituelle avant de sortir dans le couloir, le sentiment d'étrangeté revint et ses yeux eurent l'impression de devenir flous.

Il porta instinctivement la main à ses yeux et ressentit un choc distinct lorsque l'image en miroir fit de même.

Impair.

Un jeune homme mince et souriant le rejoignit dans le hall, se levant et emboîtant le pas à son passage, franchissant les portes devant lui avec une vigilance et une précaution discrètes. Il a bien fait son devoir de garde du corps, a noté Bryce, mais il fallait s'y attendre. L'efficacité est, et devrait être, imperceptible.

Une chose qu'il a découverte lors de la matinée de travail au bureau. Il n'y avait rien de mal avec le miroir de sa chambre d'hôtel. Le miroir des toilettes était pire !

Il resta debout un moment, figé au milieu de son pas , tandis qu'il regardait un visage maigre, bronzé et couvert de taches de rousseur qui ressemblait à un film en couleurs de lui, chaque trait étant à sa place dans son souvenir, mais pourtant pas le sien. Cela ne lui appartenait pas. Il lui fit des grimaces, et elle lui rendit la grimace comme si c'était la sienne, tandis qu'il essayait de croire qu'il regardait avec les yeux gris qui le regardaient, puis il entendit quelqu'un entrer et partit soudainement et penaud.

Cet après-midi-là, une fois que Pierce s'est mis au travail, il a commencé à être utile, s'intégrant à la routine de travail comme s'il en avait toujours fait partie, passant les bons appels, les contacts et les rendez-vous au moindre indice, lui remettant le téléphone intuitivement selon ses besoins, toujours au bon moment avec un instinct presque télépathique. Tout en vérifiant les décisions et les plans de Kesby et du personnel qui avaient besoin de son accord, et en signant des lettres dactylographiées, Bryce a parlé des pensées et des plans qui lui venaient à moitié à l'esprit, pensant presque à voix haute. Et lorsque ses remarques touchèrent à quelque chose qui semblait être une bonne chose à faire bientôt, il vit Pierce les noter, détaillant plus tard les étapes préliminaires à utiliser par Bryce.

De plus, toutes les petites tâches lui étaient confiées avec un naturel facile, ce qui lui faisait gagner beaucoup de temps. Son assistant était ce qu'il avait prétendu être, un bras gauche véritablement utile. Bryce se sentait fier de l'efficacité manifeste de l'enfant, car il était un produit de la même école dont Bryce lui-même était sorti.

Sur le chemin du retour à l'hôtel, après le travail, il a surpris Pierce en train de le regarder avec une expression pensive, et s'est rendu compte qu'il avait hésité et jeté un deuxième coup d'œil à chaque miroir public devant lequel il était passé. Il fut momentanément embarrassé, se demandant si une tension était visible sur son expression.

Il devait se rendre à une fête ce soir-là, alors il a enfilé des vêtements formels et est reparti pour la maison du gouverneur administratif FN de la Lune.

Il ne voulait pas y assister. Ce serait encore un de ces dîners rigides et solitaires qu'il avait endurés auparavant, mais il devait apprendre à se faire des amis à son propre niveau social et à être facile et convivial avec le genre de personnes qu'il associerait pour le reste de sa vie. .

Après que la première heure lui ait donné un bon test, Bryce a décidé que la soirée était aussi mauvaise qu'il l'avait prévu. Il se tenait à la périphérie d'un petit groupe, tenant un verre et regardant avec ressentiment une femme d'une beauté saisissante rire et parler avec les autres du groupe et non avec lui. Elle lui avait été présentée sous le nom de Sheila Wesley. Les plaisanteries qu'elle avait avec les autres étaient des éclairs rapides et subtils d'esprit et de perspicacité, et semblaient être basées sur une compréhension mutuelle qu'il ne pouvait pas partager, même si certains des autres venaient tout juste d'être présentés et étaient étrangers les uns aux autres. il y a quelques minutes ; c'était quelque chose qu'il comprenait vaguement comme un arrière-plan commun et une approche de la vie qu'ils partageaient, peut-être à travers l'éducation.

Il y avait des références rapides à des situations politiques qu'ils semblaient tous familières, ou à un nom qui aurait pu être un personnage dans un livre qu'ils auraient tous lu, ou aurait pu être quelqu'un dans l'histoire, chaque référence suivie d'un rire discret et d'un ajout plein d'esprit. déclaration d'un autre côté. Aucun d'eux ne lui a adressé la parole ni remarqué sa présence.

Pourquoi le devraient-ils ? Il était bien habillé et cher, mais ils l'étaient tous aussi. C'était une personne importante et puissante, mais ils l'étaient tous aussi et cela les ennuyait. Il ne pouvait pas parler comme les autres. Alors que pouvait-il faire pour que Sheila Wesley lui sourie de la même manière qu'elle souriait au petit gros homme ridicule à côté d'elle alors qu'il bégayait ses opinions avec enthousiasme.

Sheila Wesley n'était pas comme Mona, captivée par l'argent, les vêtements et l'influence. Serait-elle impressionnée même par le pouvoir qu'il aurait plus tard ? Il essayait de l'imaginer tremblante et impressionnée, s'accrochant à ses paroles et le flattant, mais il n'arrivait pas à y croire. Elle ne le remarquerait probablement pas plus que maintenant. Il ne pouvait rien faire pour l'impressionner. Il avait pensé que Mona avait de l'assurance, mais maintenant il voyait que ses manières n'étaient qu'une copie conforme inadéquate d'un original complètement spontané. La femme, Sheila, a réussi à être posée, distante et pourtant amicale avec tout le monde, à la fois chaleureuse et inaccessible.

Il voulait être extrêmement grossier. Cela, au moins, lui ferait admettre qu'il existait. Elle souriait à nouveau à ce petit gros homme ridicule.

Il vida son verre et, complètement inaperçu, quitta la fête. Il ne manquerait à personne, il en était sûr.

Dehors, dans le couloir, Roy Pierce, son assistant, était en conversation avec deux jeunes hommes et deux filles.

"Le voilà maintenant", entendit-il dire Pierce.

Et un des jeunes gens s'approcha de lui en riant.

« Est-il vrai que ce fou ne peut pas aller se réconcilier avec la dame de son cœur parce qu'elle l'a fait bannir ? Si nous essayons tous de le faire entrer clandestinement… »

Et l'une des filles, une blonde vraiment magnifique, a appelé : "Il nous racontait justement la fois où tu étais dans l'espace avec les pirates après toi et où ils avaient volé le grand miroir de focalisation du premier four de la fonderie Belt. J'en suis sûr." vous pouvez mieux le dire — vous le dites.

Il était alors entouré des cinq. "Allez-y", insistaient-ils en riant, "Allez-y !" "Ça n'est pas vraiment arrivé, n'est-ce pas ?"

Cette accusation a été portée par la jolie blonde. Il la regarda avec une moitié d'indignation. "Je ne sais pas comment il le raconte, mais c'est arrivé." Et il commença à raconter ce qui s'était passé.

Les deux filles et les deux jeunes hommes écoutaient, ajoutant de temps à autre des interjections surprises et des rires admiratifs.

Pierce a posé une question occasionnelle et Bryce s'est rendu compte qu'en y répondant, il était guidé pour souligner et amplifier les points qui rendaient plus clair le danger et la comédie. Plus tard, il s'est rendu compte qu'il suivait à moitié consciemment les indices de l'expression de Pierce pour trouver le bon stress et l'ambiance du récit, tantôt désinvolte et souriant en racontant ce qu'il avait fait, tantôt fortement dramatique imitant et burlesque les tons et les menaces du des hors-la-loi, maintenant ironiques et amèrement indifférents lorsqu'il s'agissait de passer sous silence les dégâts et les morts - comme un sourcil ironique levé dans le jeune visage sombre qui écoutait, et un léger haussement d'épaules imperceptible lui faisait voir ce qui s'était passé sous un angle différent de celui qu'il avait vu alors. Pierce avait apparemment quelque chose dont il avait besoin, un bon sens de l'histoire. Le suivre devait être quelque chose qu'il avait appris inconsciemment la nuit dernière, mais cela fonctionnait. Il pouvait voir à quel point cela fonctionnait bien dans les expressions de son public.

Quelqu'un qui quittait la fête s'était arrêté pour écouter, debout derrière son épaule droite. Quand il eut fini, au milieu des exclamations et des soupirs de ses auditeurs, une voix froide et familière retentit.

"C'est toute une histoire. J'ai ramassé quelque chose à ce sujet à la nouvelle fonderie sur le récif cinq, mais c'était déjà un vieux fil à l'époque." Elle se tenait devant lui, toujours douce, posée et charmante, lui offrant la main. "Je suis heureux de l'entendre de la bouche du cheval. N'est-ce pas Bryce Carter ? Nous avons été présentés là-dedans, je pense, mais le nom n'a pas cliqué."

C'était Sheila Wesley.

Cette soirée était quelque chose d'inoubliable.

Il s'agissait d'abord d'une soirée privée dans une discothèque, puis dans un petit restaurant. Tom, Betty, qui était la jolie blonde, Ralph et la jolie brune qui s'appelait Marsha, Pierce, lui-même et Sheila. Les discussions ont largement porté sur une multitude de sujets, débouchant tantôt sur des fantasmes collectifs d'absurdités comme un chapeau plein de feux d'artifice qui les laissaient rire impuissants, tantôt passant sur la philosophie et les confidences mutuelles. De temps en temps, Pierce abordait le sujet vers quelque chose qui frappait Bryce et il se retrouvait à parler avec une passion et une éloquence inattendues, et il était surpris de voir que les autres étaient vivement intéressés.

Pierce disait rarement autre chose qu'une remarque joyeuse occasionnelle, mais dans les jeux de conversation les plus subtils, Bryce se retrouvait encore à consulter à moitié consciemment les indices de son expression pour trouver quelle devrait être sa propre réaction, pour trouver le mot juste et la bonne attitude qui lui plaisait. autour de la table et les a tous poussés à parler à des hauteurs de parole plus grandes et plus fantastiques. Il était évident que Pierce n'avait jamais eu de difficulté à comprendre qui que ce soit. Il avait un instinct qui manquait à Bryce, et Bryce s'est volontairement rendu à une compétence supérieure et a suivi son exemple silencieux.

que Sheila , en plus d'être membre d'une des plus grandes familles diplomatiques, avait travaillé pendant une courte période comme consultante à l'usine de plastique Belt lors de sa création et s'était lancée dans la vie spatiale. Elle a partagé son enthousiasme quant à l'avenir des ceintures d'astéroïdes.

C'était une soirée sans précédent. À la fin, il s'est fait quatre nouveaux amis et a découvert que "Tom" était Thomas Mayernick , l'un des avocats de la Spaceways Commission, et l'un des hommes qu'il était allé rencontrer au dîner.

Et Sheila, grande, mince et belle, lui serra la main alors que le groupe se séparait, et dit de sa voix merveilleuse : "Je veux te revoir Bryce", sourit-elle. "Je mange chez les techniciens de la ville, vous savez. Je serai avec un groupe au comptoir Geiger, demain déjeuner. Si vous supportez la compagnie des artistes de règles à calcul , nous serions heureux de vous voir à tout moment."

Il resta debout un moment, étrangement surpris.

"Dites merci à la dame." Pierce sourit. Et à Sheila : "Vous ne devriez pas effrayer les gens comme ça, Madame . Son cœur est faible."

"Je viens de tomber mort", a déclaré Bryce, trouvant ses mots. "Tu ne me conduis pas ? Tu seras là ?"

"Sur mon honneur", sourit-elle. "Bonne nuit, Bryce." Elle était habituée à de tels hommages. Aussi à moitié moqueurs qu'ils fussent, elle savait à quel point ils étaient fondamentalement sincères et acceptait naturellement leur hommage à sa beauté. Quelle épouse avoir et présenter comme épouse à d'autres hommes, et voir le regard dans leurs yeux.

Il se souvint soudain qu'il n'avait pas mentionné une seule fois qu'il était directeur de l'UT. D'une manière ou d'une autre, la conversation n'avait jamais abouti à un sujet où il aurait pu le dire. Il se promit mentalement de le lui dire la prochaine fois. Cela semblait étrange qu'il ait passé autant d'heures avec cinq personnes sans les informer qu'il était directeur de l'UT. Il avait fait la même chose la nuit dernière, maintenant il s'en souvenait. Mais ils avaient semblé l'apprécier sans cela.

Il entra dans sa chambre d'hôtel et alluma la lumière, mais le premier aperçu de lui-même dans le miroir fut troublant. Il a résolu ce problème par l'expédient remarquablement simple consistant à éteindre à nouveau la lumière et à se déshabiller dans le noir, souriant bêtement.

<h1 style="text-align:center">VI</h1>

À l'approche de l'allée des scientifiques et des techniciens le long des arcades souterraines, les restaurants coûteux se faisaient moins nombreux et étaient remplacés par des brasseries de type allemand, des écoles dont les cours étaient annoncés dans leurs horaires affichés et dont les titres lui étaient complètement inintelligibles, et des bouquinistes vendant des livres d'occasion. des livres et des revues techniques dont les titres étaient indéchiffrables dans n'importe quelle langue à laquelle Bryce pouvait penser. Les foules de l'heure du déjeuner commençaient à affluer dans les arcades depuis les ascenseurs et les métros, pressées d'obtenir la première place dans leurs restaurants préférés.

Pierce se tourna à moitié comme si ses yeux croisaient l'expression d'un visage derrière eux.

"Carter ! Te voilà, salaud !" La voix venait de derrière lui, pleine de rage, mais plus encore, c'était l'insulte. Cela signifiait un défi. Ce n'était rien dans lequel Pierce pouvait le défendre !

Bryce se tourna, la main gauche sortant automatiquement son magnomatique , se demandant si l'attaquant serait le type honorable de duelliste qui tiendrait le feu assez longtemps pour qu'il puisse sortir son arme.

Miraculeusement, cela semblait se produire. Il avait déjà son regard à mi-chemin sur l'orateur lorsqu'il le reconnut, une silhouette lourde et grossière qu'il avait vue cent fois. M. Beldman du conseil d'administration. Que faisait-il sur la Lune ?

Beldman se tenait les poings sur les hanches et les jambes écartées, se moquant de Bryce. "C'est vrai", dit-il d'un ton sarcastique, "commencez à tirer quand vous êtes entouré de spectateurs innocents ; quand vous savez que je ne peux pas tirer sur vous. C'est la manière d'un escroc." La voix rauque et basse résonnait sur les murs. Derrière lui, au détour du couloir, les gens s'éparpillaient en toute hâte hors de la ligne de tir.

Crook était le mot central. D'une manière ou d'une autre, Beldman avait découvert que Bryce était responsable de la corruption de l'UT, et il traitait l'affaire de la manière la plus directe possible, car une mort dans un duel privé serait imputée à une querelle et ne ferait l'objet d'aucune enquête. .

Comment l'avait-il découvert ? Bryce a repoussé la question tout en rengainant avec raideur son magnomatique . Il ne servait à rien d'y penser tant que la question de survivre aux cinq prochaines minutes n'était pas réglée. Il se tenait debout, les mains vides, se sentant curieusement vide intérieurement, manquant étrangement de la rage blanche et de l'amour du meurtre qui le portaient habituellement dans de telles choses.

Cela semblait une journée trop belle pour être gâchée. Il aurait préféré continuer son chemin pour déjeuner avec Sheila et laisser l'homme vivre — ou se laisser vivre. Ce ne serait pas un duel pour une petite saignée. Le but de Beldman était de tuer. Et Beldman lui-même, sachant ce qu'il savait, devait mourir. « Comprenez-vous ce que vous avez dit, monsieur ? Bryce a utilisé les mots formels des pays en duel.

"Tu vas bien, c'est vrai!"

"Etes-vous prêt à en assumer les conséquences, monsieur ?"

"Plus prêt que vous ne l'êtes", a déclaré Beldman , les mains toujours sur les hanches. Il a amplifié sa remarque par quelques mots bien choisis qui rappellent ses années de camionneur.

"Combien de coups ?" » demanda Bryce plus doucement, commençant à avoir envie de tuer.

"Jusqu'à ce que l'un de nous soit à terre, son arme hors de la main."

Bryce a répété cette disposition à la foule qui s'était discrètement rassemblée le long des lignes de touche. "Nous tirons jusqu'à ce que l'un de nous soit à terre et désarmé."

Il y eut un murmure de surprise parmi la foule car c'était une disposition inhabituelle et mortelle pour un duel formel. Alors que Bryce reculait du nombre de pas requis, en comptant à haute voix, deux hommes se portèrent volontaires comme seconds. Ils s'avancèrent pour comparer rapidement les armes et les montrer aux duellistes. Il fallait le faire et le terminer rapidement, car l'heure du déjeuner avait commencé avec son flot de monde dans les couloirs, qui bloquait la circulation.

Le canon de Bryce était un magnomatic .42 , fonctionnant sur une accélération électrique de la balle par des anneaux électromagnétiques dans le canon épais. Il était silencieux, à l'exception d'un bip radio intégré légal qui annonçait son tir et son numéro aux récepteurs d'urgence de la police. Le pistolet de Beldman était un autre maggy de la même marque mais plus lourd avec un canon à large ouverture qui lançait apparemment une balle de calibre beaucoup plus lourd.

"Prêt?" Le second recula au bord de la foule et commença à compter demi-minute par seconde.

Les visages de la foule disparurent de sa conscience. Bryce se tenait les mains vides à ses côtés alors que les secondes étaient comptées. "Trente, vingt-neuf, vingt-huit, vingt-sept", dit la voix, comptant uniformément et fort. Le monde se réduisait à un couloir d'espace avec la silhouette en bloc de Beldman à une extrémité et lui-même à l'autre. C'est drôle, pensa Bryce, qu'il n'ait jamais considéré cette impatience et cette force têtue comme dangereuses. C'était un énorme bloc d'homme ; là où Bryce était musclé, JH Beldman avait les épaules et le corps si larges et les bras si épais qu'il paraissait presque rond. Comme Bryce, il avait travaillé depuis le bas, se souvient Bryce, ayant commencé comme chauffeur de camion et organisateur syndical, puis propriétaire de sa propre ligne et livré une bataille acharnée à UT avant d'être racheté. C'est grossier, mais cela ne voulait pas dire qu'il n'y avait pas un cerveau fulgurant derrière ce visage rond.

"Vingt-six, vingt-cinq, vingt-quatre, vingt-trois—"

Il avait sous-estimé le caractère mortel de cet homme. Beldman était visiblement sujet à la rage, et en proie à une telle maintenant, et s'il avait survécu à tous les duels et batailles que ses rages avaient provoqués assez longtemps pour devenir aussi vieux qu'il l'était, alors son âge n'était pas une indication de faiblesse, mais du degré de sa mortalité. La pensée irritable lui vint qu'il pourrait bien être tué par ce bœuf.

"Vingt-deux, vingt et un, vingt, dix-neuf—"

Il fléchissait ses doigts avec agitation et ressentait dans son esprit la rapidité et la sûreté de son tir et de son tir. Cette grosse silhouette en bloc n'était qu'un obstacle de plus sur son chemin, qu'il fallait écarter. Une grande gueule à fermer.

"Dix, neuf…" Il se concentra sur le comptage, "...six, cinq, quatre..." la certitude grandissant comme un ressort enroulé dans chaque muscle, "...trois..." Il s'accroupit légèrement. Ce chiffre en blocs qui représentait tout le reste du monde n'était rien de plus qu'une cible. Une grande cible.

"Deux... un... *feu* ."

Quelque chose de déroutant s'est produit. Alors que le mot retentissait, il sembla qu'un coup gigantesque le frappa quelque part sur son épaule gauche, le faisant tourner de telle sorte qu'il ne pouvait pas voir sa cible. Il se retourna, voulant tirer à nouveau rapidement, mais ses jambes se déformèrent étrangement alors qu'il se retournait. Il chancela, trouvant son équilibre avec beaucoup d'effort.

Une lourde balle, pensa-t-il, considérant comme un souvenir différé la vitesse du ressort hélicoïdal avec laquelle Beldman s'était déplacé. Le bras gauche de Bryce ne semblait avoir aucun lien avec son esprit. En baissant brièvement les yeux, il vit qu'il pendait.

Mais le maggy était toujours là, tenu dans sa main engourdie et insensible, pointé mollement vers le sol.

Il se demanda s'il avait déjà tiré.

"Lâchez-le et tombez", conseilla la voix claire de Pierce quelque part.

Il y eut un murmure et un murmure dans la foule floue qui veillait à ce que les règles soient respectées. Beldman marchait vers lui.

"Est-ce que tu mets fin au duel ?" » a demandé quelqu'un, probablement le deuxième.

"Non," répondit le flou de Beldman et soudain il devint net, s'avançant, son pistolet à large gueule inébranlable dans sa main. Bryce se souvint des dispositions du duel. Tirez jusqu'à ce que l'un d'entre eux soit à terre et sans arme. Il n'était pas question de rester à une distance fixe. Beldman avait l'intention de s'approcher suffisamment pour lui tirer une balle entre les yeux. Il était trop tard pour se laisser tomber et mettre fin au duel. Beldman tirerait s'il voyait Bryce commencer à tomber maintenant. Il était déjà suffisamment proche pour lui tirer une balle dans la tête.

La sensation revenait dans son bras gauche. Il pendait anormalement loin et avait probablement l'air brisé et inutile, mais il n'y avait rien de mal à cela, seul quelque chose dans son épaule était cassé. Après le premier engourdissement froid de l'impact, la sensation revint de picotements dans ses doigts et la douleur commençait à brûler dans son épaule. Bryce attendit encore quelques secondes, sentant le contrôle revenir entre ses doigts, sans changer le flou de ses yeux. Combien de duels Beldman avait-il gagné ainsi ? L'impact d'une de ces lourdes balles frappant un os était un coup sidérant, suffisant pour assommer certains hommes, et il comptait probablement sur cet effet.

La silhouette carrée se rapprocha d'un pas lourd, caricature grossière et maladroite de l'homme autodidacte, brutalement fort, sans vergogne inadapté à la société des gens sages, souriants et aux manières faciles que lui et Bryce avaient rejoints ; un modèle de tout ce que Bryce essayait de détruire en lui-même.

D'un rapide mouvement du poignet, Bryce balança sa paume à plat, alignant le museau magnomatique avec lui et envoya une balle dans le visage rond.

Dans cette position de sa main, le coup de pied arrière du tir lui a tordu le bras dans son épaule cassée et lui a arraché le maggy de la main, mais cela n'avait pas d'importance. Le duel était terminé.

La foule immobile se dissout à nouveau en individus bavards allant déjeuner.

Pierce ramassa le maggy et posa la question habituelle à ceux qui choisissaient de rester.

"Lequel d'entre vous a une plainte d'injustice ou d'avantage tiré par l'une ou l'autre des parties dans ce duel ?"

La plupart d'entre eux partaient, anticipant l'arrivée de la police avec leurs questions fastidieuses, mais une vingtaine se pressaient autour de Bryce et du cadavre. "Appuyez un pouce sur votre épaule sous- clavière , mec", a conseillé quelqu'un à Bryce. "Tu saignes comme un robinet."

La voix claire de Pierce prononçait les mots standards malgré le murmure et le bruit des pieds. "Aucune injustice n'ayant été constatée, lorsqu'on est appelé à témoigner, on peut alors dire qu'il a tiré en état de légitime défense et sous la contrainte."

Un faible hurlement de sirènes se fit entendre.

Qui était ce personnage ?", a demandé plus tard Pierce, assis à côté de la table pendant qu'un chirurgien reconstituait patiemment les trois ou quatre morceaux brisés de la clavicule de Bryce et les fixait avec d'ingénieux boulons en plastique.

Bryce observait distraitement le processus dans un grand miroir incliné suspendu au-dessus de sa tête. La médecine l'ennuyait. "JH Beldman , membre du conseil d'administration", a-t-il expliqué, et à l'attention du policier qui se tenait à côté de la porte, il a ajouté : "Ils sont de mauvaise humeur." Il se regarda dans le miroir avec inquiétude, essayant de se concentrer sur son visage.

Ses vêtements étaient nettoyés du sang et séchés quelque part. Lorsque le médecin eut fini de coudre et de rapiécer, Bryce prit une douche et s'habilla dans un petit dressing à côté du service d'urgence, où il trouva ses vêtements soigneusement suspendus dans un placard de séchage.

Alors qu'il avait fini, un homme en civil entra et renvoya le flic d'un mot, et remit à Bryce un avis imprimé et sa magnomatique ; "Vous êtes clair", dit-il en repartant avec un demi-salut amical. "Aucun frais." La police avait déjà enregistré les dépositions des témoins et inspecté les armes utilisées. Cela avait été un duel équitable et le survivant avait été clair avec un cas standard de légitime défense. L'avis imprimé l'appelait à témoigner lors de l'enquête du coroner sur la mort de JH Beldman le samedi suivant, mais il n'y aurait aucune accusation ni aucune enquête.

Il n'y aurait aucun problème de la part de Beldman , mais qui d'autre savait ce qu'il savait, à savoir que Bryce Carter était responsable de la corruption de l'UT ? Comment l'avait-il appris ? Si quelqu'un d'autre le savait, il y aurait des ennuis.

En sortant des urgences, il consulta sa montre.

Une heure quinze. Trop tard pour trouver Sheila Wesley toujours au comptoir Geiger. Mais il savait qu'il pourrait la revoir un autre jour — et avec une bonne histoire pour expliquer pourquoi il n'était pas venu la première fois.

Ils mangèrent au stand le plus proche et retournèrent au travail. Essayer d'écrire était presque impossible, et même utiliser sa main gauche pour des tâches mineures était difficile. Malgré la guérison rapide des muscles et de la chair grâce aux poudres d'acides aminés et d'acide nucléique que le médecin avait emballées, l'épaule lui faisait mal avec une sensation d'oppression qui gâchait sa coordination. Il se mit à écrire maladroitement avec sa main droite.

Après vingt minutes, il abandonna le semblant de travailler et commença pensivement à s'entraîner avec sa main droite. Il était rigide et maladroit, et il n'y avait pas d'étui dans sa poche droite pour faciliter sa saisie. La deuxième fois que le maggy s'est accroché au bord de sa poche et lui a glissé des mains, il l'a laissé sur le tapis où il était tombé, assis à le regarder pensivement pendant un moment. Aujourd'hui était le jour où il rencontrerait Orillo .

« Dans quelle mesure pouvez-vous gérer un bateau de croisière à quatre tubes ? »

"Ligne de vue uniquement. Je ne suis pas un navigateur", a répondu Pierce.

Bryce dit sobrement, réalisant ce qu'il avait décidé : "C'est une bonne journée pour avoir un garde du corps qui est un bon tireur. J'ai un rendez-vous pour rencontrer un ami – et je ne suis pas sûr que ce soit un ami."

"Je tire", a déclaré Pierce en écrivant sur l'une des lettres qui lui étaient assignées. "Heureux de vous rendre service. Dois-je porter mes vêtements pare-balles ?"

"Tu pourrais faire quelque chose comme ça," dit sobrement Bryce.

Pierce leva les yeux des lettres. "Est-ce que ce serait l'homme derrière toutes ces balles, et vous le rencontrez dans l'espace ?"

"Oui."

"Dans des chars blindés avec de l'artillerie lourde ?"

"Non."

"Pas de croiseurs légers et lourds. Pas de marines ?"

"Juste toi." Bryce souriait devant l'étonnement moqueur de Pierce. Il savait que le gamin ne se souciait pas du tout de l'endroit où Bryce le menait tant qu'il y avait une bagarre à la fin, et il laissait à Bryce le soin de choisir les chances.

Les chances pourraient même être suffisantes. Orillo lui-même, s'il venait avec l'intention de tuer, n'apporterait aucune aide pour témoigner, et il s'attendrait à ce que Bryce n'en amène aucune. Ou s'il avait engagé des assassins, il ne viendrait pas lui-même, et ils ne sauraient pas qui les avait engagés, mais on leur aurait dit de n'attendre qu'un seul homme.

Le secret de toute réunion dans l'espace est pratiquement absolu. S'il y a une chose dont l'espace regorge, c'est bien la distance : une distance suffisante pour y perdre des objets, une distance suffisante pour s'y cacher, une distance suffisamment grande pour que même si vous savez où se trouve quelque chose grâce à tous les chiffres de ses coordonnées, s'il est plus petit que une planète que vous ne pouvez pas trouver même lorsque vous y êtes. Pour le dire crûment, ce que possède l'espace, c'est l'espace. Et trouver quelque chose qui ne veut pas être trouvé dans l'espace, c'est comme chercher un germe disparu dans l'Atlantique.

Il disposait des coordonnées de la balise qu'il avait choisie pour son point de rendez-vous et le pilote du robot l'a conduit jusqu'à cette zone avec une précision automatique. Mais une fois sur place, il dut faire trois allers-retours manuels dans le plan perpendiculaire de l'équateur terrestre avant de capter le signal radar de la bouée, qui était programmée pour diffuser sa présence par un balayage circulaire d'impulsions radar sur un plan plat correspondant à la moyenne équatoriale de la Terre.

Il l'a trouvé au plus tard que prévu, soit plus d'une heure en avance, partant du principe que celui qui arrive le premier ne trouve aucune embuscade.

Il laissa Pierce avec certaines instructions et flotta du navire jusqu'au globe familier qui tournait si placidement sur la tige d'ancrage qui l'attachait à la bouée de contrôle. La bouée était suffisamment puissante pour contrôler les orbites de cinquante de ces globes sans effort. Les bouées de ce type commençaient tout juste à être populaires dans la Ceinture.

Une fois à l'intérieur, il ouvrit sa façade, regardant autour de lui avec le même plaisir qu'il ressentait toujours lors de ses visites ici. C'était comme être de retour à la Ceinture pendant un certain temps. Après la dureté brute de la Lune et le luxe artificiel de ses villes, après l'immensité agoraphobe de la surface géante de la Terre, se retrouver dans ce petit monde familier et uni était apaisant et relaxant. C'était une clairière verte de feuilles et de branches, de la verdure sous les pieds et au-dessus, une falaise de métal brun avec des vignes et une porte à sa gauche, une plus grande falaise de métal brun comme la tête ronde d'un tonneau avec des portes à sa droite, et un porte circulaire argentée au centre. Derrière la petite falaise de droite se trouvait le petit nombre de machines de régulation nécessaires, derrière les portes de la plus grande falaise se trouvait une petite cuisine et des chambres d'étude convertibles. Derrière la porte argentée se trouvait un couloir menant au sas et à l'espace. Elle mesurait quarante pieds d'une falaise à l'autre, et de la verdure grandissante sous les pieds jusqu'à la verdure grandissante au-dessus, aussi spacieuse qu'une large clairière dans les bois de la Terre.

Il se fraya un chemin parmi les vignes et les arbustes jusqu'à une parcelle de mousse verte semblable à un tapis et s'assit confortablement pour attendre. Pierce avait déjà éloigné le navire au-delà de la portée du détecteur, et tout navire qui s'approchait aurait l'impression qu'il n'était pas encore arrivé.

C'était paisible là-bas, aucune brise ne remuait les feuilles. Vingt pieds au-dessus, fixé dans les airs sur des rayons clairs de lucite , le globe de cristal qui était le soleil de ce petit monde émettait son flot de lumière réchauffante, la lumière du soleil empruntée à la lumière du soleil extérieure et dirigée vers les rayons de lucite .

Il s'intéressait à sa fabrication et avait ancré son globe ici comme échantillon commercial d'un globe spatial destiné à l'observation des colons potentiels. Il était légèrement meilleur et plus compact, car il s'agissait d'un modèle plus récent, contenu dans une coque ovoïde de seulement quarante-six pieds sur soixante-six pieds, mais en substance, il ressemblait à n'importe quelle ferme et maison de la ceinture d'astéroïdes, et il n'y avait rien de tel sur aucune planète de l'univers.

VII

Derrière la porte argentée, une cloche sonna soudain. Un vaisseau spatial approchait.

Il était encore tôt. Ils verraient le globe seuls et supposeraient que Bryce n'était pas encore arrivé. Le vaisseau spatial lui-même pourrait être armé illégalement, mais ceux qui se trouveraient à l'intérieur ne feraient pas exploser le globe sans vérifier son intérieur. Bryce leva les yeux vers la porte argentée dans la falaise et s'installa de manière à être allongé sur un coude, la main de son arme détendue sous un mince rideau de feuilles. Le magnomatique pointait vers la porte du couloir.

Il y avait quelques grands buissons entre le pied de la falaise et lui, mais la porte centrale argentée se trouvait à cinq pieds de marches et était bien en vue.

Quatre volées de marches rayonnaient depuis la porte circulaire jusqu'à la coque, comme les rayons d'un essieu, toutes menant « vers le bas » vers la surface intérieure du globe. Pendant qu'il attendait, il entendit le léger bruit des semelles magnétiques frappant le métal du sas, puis le carillon de la porte annonçant que le sas était utilisé. Quelqu'un arrivait.

Il pouvait suivre leurs actions dans son esprit, les chronométrant. Maintenant, ils flotteraient dans le vestibule, face à un mur circulaire avec une porte, le mur tournant silencieusement et rapidement, et la porte en son centre tournant lentement d'un bout à l'autre. La porte marquait l'axe de rotation. Il y avait une barre tournante avec des poignées qui traversaient le centre du sas. Ils flottaient jusqu'à cela et l'agrippaient pour capter la rotation, jusqu'à ce que le vestibule semble tourner autour d'eux et que seuls le mur circulaire et la porte centrale semblent stables. Au-delà se trouverait le couloir, puis la porte argentée.

La porte dans la falaise se dilata silencieusement. Deux hommes en combinaison spatiale se tenaient à l'intérieur.

C'était incroyable qu'il les ait laissés entrer sans voir la porte ouverte. Dans la première fraction de seconde, il vit qu'aucun d'eux n'était Orillo . Au deuxième instant, il vit qu'aucune arme n'était visible, mais que l'une se tenait légèrement derrière l'autre et que son bras droit était caché.

Ils étaient arrivés à l'entrée selon un angle par rapport à son orientation, presque à angle droit, et ils seraient confus pendant un moment, avant d'identifier sa forme, car quant à leur orientation, s'ils utilisaient la pensée terrestre pour cela, il semblent penchés la tête en bas sur une pente presque verticale. Il profita du décalage pour déplacer son arme sous son rideau de feuilles et aligner sa visée sur celles-ci.

Ils tournèrent leurs yeux autour du cercle et le virent. « Monsieur Carter ? demanda le premier. Leurs façades étaient toujours fermées et leurs voix légèrement déformées par la transmission via le haut-parleur du casque, mais il pouvait entendre une note de surprise. Tandis que le premier parlait, le second bougea légèrement son bras caché, comme s'il tenait quelque chose.

Bryce n'a pas serré le doigt sur la gâchette. Il pourrait s'agir de simples curieux innocents. La position de sa tête, presque à l'envers par rapport à la leur, les déroutait probablement, même s'ils avaient presque certainement étudié des photographies tridimensionnelles de lui. En tout cas, ils savaient probablement qu'ils se tenaient comme des cibles dans l'entrée du couloir et ne seraient pas d'humeur à retarder l'action.

"Enlevez vos casques, messieurs, faites comme chez vous." C'était un aveu partiel qu'il était l'homme qu'ils voulaient, mais pas assez sûr pour prendre une décision. Il vit le mouvement d'épaule qui signifiait que la main cachée du second sursautait dans un moment d'incertitude, et il crut voir quelque chose briller sous le bras du premier - le vieux truc qui consiste à tirer sous le bras de protection d'un ami...

"M. Bryce Carter ?" demandait encore le premier.

Bryce sourit. "Non, Pierce," dit-il. Il avait allumé le haut-parleur bidirectionnel et l'avait réglé sur le navire à son arrivée.

Immédiatement, la voix retentit dans le couloir derrière eux. « Restez immobile. Vous êtes couvert.

Il n'y avait aucune chance que quelqu'un puisse réellement se trouver derrière eux, mais celui de l'arrière se retourna et décocha un coup de feu surpris dans le couloir sombre, tandis que l'autre sauta latéralement depuis la porte, dégainant son arme à une vitesse floue et se dirigeant vers Bryce alors que son les pieds sont restés en contact avec le seuil. Il tombait lentement, presque flottant, et cela aurait dû être un tir facile, sauf quelque chose qu'il avait visiblement oublié, sinon il n'aurait jamais sauté.

Bryce l'a ignoré comme un danger et a lancé trois coups de feu sur l'autre, qui se tenait toujours surpris et déséquilibré dans le couloir, en tirant trois avec sa main droite inexpérimentée pour être sûr d'en placer ne serait-ce qu'un. La silhouette disparut hors de vue dans le couloir.

Dans le laps de temps pendant lequel les yeux de Bryce s'étaient éloignés de celui qui tombait, la trajectoire du saut de l'homme avait commencé à se courber étrangement, jusqu'à maintenant, il semblait flotter dans une courbe, volant latéralement et vers le haut, de plus en plus vite à mesure qu'il s'approchait. la coque. La règle de conservation de la quantité de mouvement faisait son chemin. Aux yeux étourdis de l'homme, alors qu'il essayait de garder Bryce dans sa ligne de mire assez longtemps pour tirer, il dut avoir l'impression que le sol commençait inexplicablement à tourner et à glisser, que soudain l'obus entier tournait autour de lui comme une grande roue, transportant sa cible contre le mur et au-dessus de sa tête.

Il était presque arrivé au sol glissant lorsqu'un buisson s'accrocha à ses pieds et les arracha sous lui avec un crépitement de branches, et la marche inférieure d'un escalier se balança vers sa tête comme une gigantesque massue. Parmi les brusques éclats de branches et les bris de vignes, il y eut un bruit sourd qui sonna définitif.

Pour quiconque se trouvait à l'intérieur d'un globe, il ne semblait généralement pas tourner, le seul signe que c'était était la pseudo-gravité confortable pour quiconque se tenait au niveau de la coque. Mais pour ceux qui approchaient du sol depuis le couloir G plus léger, les escaliers étaient nécessaires – des escaliers dont les marches étaient curieusement plongées au milieu dans un U peu profond. En s'appuyant sur un côté du U qui descendait et de l'autre qui montait, l'un d'eux a pris suffisamment de vitesse de manière invisible pour correspondre à la vitesse du niveau du sol. Sauter était l'équivalent de sauter d'une voiture en mouvement à quarante pieds par seconde, les seize pieds par seconde, la moitié du couloir plus une vrille supplémentaire de trente pieds par seconde, la vitesse de dérapage d'une chute de dix-huit pieds là où elle avait ressemblé. cinq.

Ce sont probablement ces distances supplémentaires dans les airs, décida Bryce, qui donnaient parfois aux vols des oiseaux une apparence si étonnamment variable en termes de vitesse et de direction. Il n'avait pas imaginé auparavant à quel point il serait difficile de tracer une route droite d'un bout à l'autre du globe.

Il attendit un signe de mouvement, son magnomatique prêt, levant les yeux vers le tireur étendu au-dessus de lui, à quarante pieds de là, de l'autre côté du globe. La silhouette molle était immobile, elle semblait gravement emmêlée dans les vignes et son arme avait disparu. Il n'était pas nécessaire de tirer, mais il se demanda soudain, si c'était le cas, quel genre de courbe la balle aurait suivie ?

Il n'y avait aucun bruit de l'autre, mais Bryce hésita à monter les escaliers et à mettre sa tête au-dessus du niveau du couloir. Une voix pourrait donner l'autre direction pour un instantané si c'était ce qu'il attendait. Bryce a eu le hasard de parler.

"J'ai celui-ci, Pierce. Comment va l'autre ?"

Le téléspectateur présent dans le hall d'entrée a répondu : "Allongé sur le dos avec son arme à cinq pieds de distance. Tout va bien ?"

"Oui." Bryce a fait le tour du globe et a cherché dans les vignes l'arme manquante du numéro un. Le corps dans la combinaison spatiale à proximité était définitivement un cadavre. Il vit le pistolet briller un peu plus loin et le ramassa, essuyant la pulpe des feuilles sur une zone de mousse propre. C'était une tétine de police robuste , un étourdisseur à distance, ajusté à un faisceau étroit.

Il grimpa jusqu'au couloir et récupéra l'autre arme. C'était aussi une tétine de police. Ils n'avaient alors pas voulu tuer directement, mais seulement l'étourdir et le livrer à Orillo , COD

« Comment allez-vous avec leur vaisseau ? Bryce a demandé : « Est-il armé ? L'armement des vaisseaux spatiaux était illégal et une inspection officielle minutieuse le rendait rare.

"Je n'ai pas attendu de voir", dit la voix de Pierce en guise d'excuse après une pause au cours de laquelle un bruit de fond ressemblant à un crash retentit dans le haut-parleur du téléspectateur. "Il a commencé à se balancer lorsque je suis arrivé en vue, alors je l'ai simplement percuté avec cette jolie pointe de nez ornementale. Je recule maintenant avec les jets de freinage vers l'avant."

"Alors celui qui se trouve à l'intérieur est probablement soit gelé dans l'espace , soit cuit. Jockey qui se déplace sur la pointe et poussez-la pendant quatre minutes vers la Terre, puis appuyez sur le bouton qui effondre les aubes ornementales sur la pointe et laissez-la se détacher lorsque vous commencez à freiner. Je ne veux pas que des carcasses de navires flottent ici. »

"Oui-oui, Cap."

"Allez lentement avec ces jets de freinage lorsque vous vous détachez. Le lavage à contre-courant pourrait toucher votre coque."

Pierce revint et entra pour aider Bryce à traîner les cadavres à travers le sas et dans l'espace.

Ils se sont appuyés contre la courbe argentée du vaisseau spatial flottant et ont donné au corps une forte poussée combinée vers la Terre. Tournant lentement d'un bout à l'autre, il s'est réduit à un point sombre sur l'orbe brillant de la Terre, destiné à être une météorite et à former une petite traînée brillante dans le ciel terrestre plusieurs jours plus tard.

Quand les tubes se bouchent, le carburant s'épuise , Le froid s'insinue là où je suis allongé.

Pierce récitait alors qu'ils retournaient dans le globe pour chercher le deuxième cadavre.

Je suivrai la trace du météore, rentrerai sur Terre et organiserai les funérailles d'un Viking dans le ciel.

"C'est trop facile", se plaignit Bryce alors qu'ils regardaient le deuxième cadavre disparaître. "Le problème, c'est que dans l'espace tous les cadavres sont des délits. C'est une incitation. Lancez vos ennemis."

"Le pays Gaucho s'est bien comporté sous ce système", a déclaré sombrement Pierce, "et la frontière américaine aussi." Il flottait immobile, une silhouette en combinaison spatiale tournée vers le globe terrestre gris-vert brumeux qui brillait sur le ciel noir parsemé d'étoiles comme s'il avait pu tendre la main et le toucher. Le soleil a attrapé la planète dans son hémisphère de jour et s'est reflété brillamment sur une ombre bleue d'eau qu'était la Méditerranée, transformant la moitié de celle-ci en feu blanc.

Les écouteurs de Bryce captèrent à nouveau la voix de Pierce. "Les nations frontalières regardent toujours en arrière et disent que les premières années ont été les meilleures."

Les mots reflétaient quelque chose que Bryce avait ressenti auparavant. Il regarda la Terre magnifiquement suspendue dans l'espace. C'était beau et il l'aimait beaucoup, mais... Il a dit : "Je ne pense pas que nous y retournerons un jour." L'humanité elle-même non plus. Jamais plus – à travers toutes les conquêtes de cette époque – l'humanité ne retombera dans le maillage de la gravité pour n'être qu'une fine pellicule à la surface d'une planète.

"Donne un sourire à la vieille Terre, Bryce, nous avons éclos."

Pendant un instant de plus, Bryce resta suspendu, regardant la Terre tourner en dessous. La direction de l'UT était là-bas. Il serait damné s'il les laissait penser qu'ils pouvaient lui dire quoi faire, ou dire à la Ceinture où une ligne devrait être étendue et une colonie implantée. La ceinture était son pays, pas le leur. L'espace appartenait aux personnes qui y vivaient.

"Pas de taxation sans représentation", a déclaré Pierce de manière hors de propos, comme s'il avait lu dans les pensées de Bryce. Ils retournèrent au vaisseau et pénétrèrent dans le sas spatial .

"Pays frontière…" dit Bryce en entrant dans la cabine de la porte tournante. Des bandes élastiques légèrement serrées l'ont mis en position dans le moule en forme d'homme. "Qu'est-ce qu'une frontière selon tes termes, Roy ?" Lorsqu'il fut en place, l'autre moitié du moule caoutchouteux excluant l'air se referma sur lui et le cylindre hermétique tourna, le transportant à l'intérieur du navire. Il appuya impatiemment sur le bouton pour le faire revenir en arrière pour Pierce, mais il resta obstinément ouvert, son servo refusant de se fermer sur un moule rempli d'air et de faire pivoter l'air pour le libérer dans l'espace.

Bryce s'en souvint alors. C'était quelque chose dont il n'avait pas besoin de s'inquiéter lorsqu'il volait seul, car lorsqu'il entrait ou sortait, il était toujours dans la porte lorsqu'elle tournait ; il n'est jamais devenu vide. À côté de la porte, sur un crochet, était accrochée une combinaison pressurisée gonflée, comprenant des gants, des bottes et un casque. À l'exception de l'absence de tout signe de tête ou de visage à l'intérieur de la translucidité sombre du casque, il ressemblait à un homme de taille normale. Bryce l'atteignit et le plaça dans le moule, et regarda en souriant tandis que le moule se fermait et que la porte tournait, délivrant la forme humaine à un crochet équivalent dans le sas . La poupée était connue par tous les astronautes sous le nom d'Hector Dimwitty , et chaque vaisseau en possédait une ou deux. Il y avait mille histoires et plaisanteries qui circulaient sur les aventures des Hectors, la plupart obscènes, et quelques-unes vraies.

La réponse de Pierce était dans ses écouteurs : "Une frontière est l'endroit où vont les gens lorsqu'ils sont jeunes, fauchés ou que les flics les poursuivent."

"Bien. Supposons que je jalonne les fauchés, que je leur prête un moyen de transport et que j'offre aux fugitifs non enregistrés une sécurité pour recevoir du courrier et acheter des fournitures ?"

"Vous faites cela?" Pierce sortit et ils enlevèrent leurs casques.

"Oui, quand je suis mon propre homme et que je ne travaille pas pour UT."

" Si vous faites cela, vous attirez dix fois plus de fauchés qui voulaient s'installer là-bas, et... " Pierce fit un grand bond de compréhension, disant doucement : " Ils dépendent de vous. Ils vous sont menottés et prient pour votre santé et votre prospérité aussi longtemps que vous détenez leurs prêts et leurs secrets, car avec votre décès ou votre faillite, un autre homme pourrait venir dans vos livres pour lire les registres de vos prêts, exiger le paiement et donner les secrets à la police ou les conserver. pour son chantage. Mais le faire, c'est prendre un risque d'assassinat ou d'arrestation, et un coût élevé en travail acharné et en argent. Pourquoi voulez-vous faire cela ? Quel paiement acceptez-vous ?

"Ils paient en étant mes hommes, reconnaissants et prêts à me soutenir lorsque j'aurai besoin d'aide plus tard. Ils n'ont pas besoin d'être reconnaissants, car ils savent que je peux rembourser n'importe quel prêt si le propriétaire me contrarie, et j'ai construit un réputation d'un accès de colère occasionnel et irrationnel suffisamment menaçant pour que quiconque évite de me contrarier, sans avoir le sentiment que j'ai voulu les menacer ou les forcer. Quant aux fugitifs, ils paient assez en voulant que la Ceinture soit organisée comme une nation indépendante de Terre, afin que la main de la loi ne puisse pas s'étendre et les ramener en arrière, et qu'ils puissent devenir riches dans le commerce ouvert, dans les millions de chances de richesse qui les entourent dans la Ceinture. Je ne peux rien faire de tout cela maintenant — c'est suspendu aussi longtemps que je fais partie de l'UT et que je dois traîner le poids mort de dix conservateurs liés à la Terre avec moi dans chaque décision.

VIII

Il s'arrêta pour définir les coordonnées de la Lune pour le pilote du robot, mais il se retrouva toujours envie de parler. " L'homme a atteint l'espace. Pensez-vous qu'il retournera un jour sur Terre ? Dans l'espace, il n'a de gravité que lorsqu'il le veut, et n'importe quel poids de gravité qu'il veut, en fonction de la vitesse à laquelle il fait tourner sa maison. Et pas de gravité. quand il veut cela. Vous voyez ce que cela signifie pour les ingénieurs dans l'avantage de construire des choses ? Pas de poids dans le transport, pas de poids dans le voyage, une vitesse illimitée et presque aucun coût tant qu'il reste à l'écart des attractions planétaires. Sa maison est dans le ciel, et quand il en sort, il peut voler comme un oiseau. Et de la nourriture. Pour cultiver de la nourriture, il y a la lumière du soleil dont la Terre n'a jamais rêvé. Pour la chaleur et l'énergie, il y a la lumière du soleil pour se concentrer. L'espace est inondé de chaleur, irradié de puissance -

"L'apprivoiser n'est pas un jeu d'enfant, et ceux qui sont sur terre ne le voient pas encore. Mais la prochaine étape de l'humanité est dans l'espace, et elle ne reviendra jamais."

Pierce, assis dans l'un des fauteuils du tank de choc, a demandé : « Quel rôle jouez-vous là-dedans ?

Bryce le regarda avec un sentiment presque de surprise, comme s'il avait été rappelé de loin. "Moi?" » rit-il, un peu impressionné par l'immensité de l'objectif et la facilité de celui-ci… « Premier président de la Ceinture et chef politique à vie. Cela suffit.

De quoi tenir le système solaire dans la paume de sa main, s'il le souhaitait. Celui qui gouverne l'espace gouverne les planètes. C'était la première fois qu'il mentionnait son objectif à quelqu'un.

Roy Pierce a demandé : « Que dois-je faire à propos de votre « ami » qui pose des pièges ?

La dernière attaque avait réglé la question de savoir qui était derrière les autres attaques et qui l'avait dit à Beldman , mais Orillo serait toujours un pion utile. Il lui suffisait d'échapper à ses tentatives de meurtre pendant environ un mois jusqu'à ce que leur partenariat les lie trop étroitement pour le meurtre.

Bryce a expliqué une partie de cela à Pierce, installant un échiquier pour passer le temps jusqu'à leur retour à Moonbase City.

"Quelle est ma prochaine mission ?" » demanda Pierce après plusieurs coups de jeu.

Bryce se souvient d'un danger contre lequel il n'avait pris aucune mesure pour se prémunir. "Le Conseil a embauché un psychologue, un chasseur d'esprit, pour découvrir qui est à l'origine de la sape. Il fait partie du groupe Manoba . Rappelez-vous le nom, recherchez-le et découvrez quelles sont leurs méthodes, comment les reconnaître, et rapportez ce qui s'est passé. faire à ce sujet."

"Je vais m'occuper de lui", dit distraitement Roy Pierce, déplaçant son chevalier pour menacer le fou de Bryce.

"Pas de problèmes inutiles. N'oubliez pas que je dois garder mon nom propre." Bryce a déplacé un pion d'un pas pour couvrir le fou et laisser la place à son autre fou pour menacer le chevalier.

"Je ferai attention. Il n'y aura pas de publicité. Il ne sera pas blessé", a déclaré Pierce, déplaçant le chevalier dans la deuxième ligne de Bryce où il menaçait le roi et un château acculé. "Vérifier." Et il ajouta, comme pour s'excuser d'avoir retardé son déménagement : "Je n'aime pas déménager tant que je ne suis pas sûr de ce qui se passe."

La remarque ne semblait pas adaptée au jeu, comme s'il faisait référence à autre chose.

C'est lors d'un dîner sur la Lune que lui et Pierce se sont détendus pour la première fois depuis l'embuscade. Pierce était resté relativement silencieux depuis la partie d'échecs pendant le voyage de retour et Bryce aussi, qu'il soit en sympathie avec lui ou dans une humeur naturellement parallèle, n'avait pas grand-chose à dire. Mais maintenant, la tension s'était dissipée et, grâce au stimulus de la nourriture aromatique, ils sortirent de leur dépression de solennité émotionnelle.

Les décorations de la salle à manger étaient luxuriantes. Pendant qu'ils mangeaient, le matérialisme de leur vie se renforçait. D'un mur argenté et tapissé à l'autre, il y avait une vie ici, discrète et pleine d'excitation dans le mélange de discussions tamisées et de l'art changeant des lumières et de la musique. Leur table était presque au centre des îlots de tables et d'arbres en pot, et autour d'eux se trouvaient les convives, leurs voix s'adressant à eux deux, les invitant avec de légers tiraillements à abandonner leur résistance, les invitant à entrer dans la mer des plaisirs simples.

"Nous nous devons de nous amuser, Bryce."

Aux mots de Pierce, Bryce fixa son regard sur le visage de l'autre côté de la table. Il y avait une touche de sérieux dans ces mots ; plus comme une déclaration qu'une suggestion.

Pierce sourit ironiquement et sortit une fiole de sa poche et la versa dans son verre. Il fit tourner la bouteille vide entre le pouce et les doigts.

"Nous nous devons de nous amuser", a répété Pierce. "Nous n'avons rien sur le feu ce soir, rien à faire qui soit crucial. C'est une bonne nuit pour expérimenter."

Les vagues de voix chaleureuses qui léchaient l'esprit de Bryce s'éloignèrent soudainement et laissèrent un frisson. Avec une méfiance instinctive, il pensait aux hypnotiques et aux toxicomanes à dose unique .

Pierce n'aurait pas pu manquer le froid impassible sur le visage de l'autre. Faisant toujours tourner la fiole avec désinvolture, il commença à expliquer. Il s'agit d'une nouvelle drogue, a-t-il déclaré, utilisée par une tribu d'Afrique centrale. "J'en entends parler depuis un certain temps et ce que tu as mentionné il y a peu de temps me l'a rappelé."

Bryce a saisi la référence cachée. Afrique centrale – et le groupe Manoba . Pierce n'avait donc pas écarté le chasseur d'esprit de ses pensées en le considérant comme un problème facile à résoudre.

"C'est encore au stade des tests", a ajouté Pierce. "Mais une partie circule parmi les étudiants en médecine. Les tests ont des effets intéressants. Et, comme je l'ai dit, ce soir c'est une bonne soirée pour expérimenter, ça s'appelle B'nyab ." je'io ."

Le froid dans la tête et dans la colonne vertébrale de Bryce commençait à se dissiper. "Tu ne me trompes pas ?" Il l'a dit avec un sourire, mais il y avait un côté dans la question qui exigeait une réponse.

Pierce le lui donna, pendant un bref instant mortellement sérieux. "Vous ne pourriez pas devenir accro si vous nageiez dedans."

Bryce le croyait. Il regarda le verre. "Qu'est-ce que cela fait au QI ? Nous devons collecter des informations ici et là ce soir. Je veux pouvoir lire et parler." Il sourit en coin. "Pas pire que d'habitude, bien sûr."

"Soit on augmente le QI, soit on le laisse tranquille."

"Quel est l'effet ?"

"Cela affecte différentes personnes de différentes manières. Après avoir entendu les rapports, j'aimerais voir comment cela nous frappe." Pierce le poussa vers lui en souriant. "Laisse-moi la moitié."

Les pensées méfiantes de Bryce concernaient le poison, l'immunité et le meurtre, mais intérieurement, il commença à se moquer de ses propres habitudes de suspicion. Cependant, avant de pouvoir attraper le verre, Pierce avait poussé un petit reniflement comme pour reconnaître sa présomption et avait d'abord bu sa propre part.

Puis Bryce porta le verre froid à ses lèvres.

En le reposant, il pouvait sentir le changement commencer à se propager dans son sang, se réchauffant et se relaxant, rapprochant les souvenirs de plaisir et de bons moments. Le restaurant était désormais complètement séduisant, avec un déferlement de voix agréable à ses oreilles, l'appelant à rejoindre le monde et ses offres de plaisirs simples. Il se sentait se fondre dans le mélange éthéré de lumière et de son.

"J'aime ça", décida-t-il.

"Nous devrions prendre des notes." Pierce souriait en remettant le flacon vide dans sa poche.

Le lendemain, Bryce repensait à cette soirée avec plaisir. Tout le monde avait été remarquablement agréable, amical et prévenant, et Pierce avait toujours eu le bon mot et le bon geste amical pour les récompenser, parlant au nom de Bryce, connaissant son chemin à travers les villes de la Lune jusqu'aux bons endroits pour obtenir les informations qu'ils recherchaient, parlant toujours. pour Bryce Carter, son employeur, lui procurant les choses qu'il voulait, donnant les ordres qu'il voulait donner avant même que Bryce n'ait pleinement réalisé qu'il les voulait. Bryce n'avait eu besoin de rien dire pendant tout ce temps, sauf "Bien. C'est tout", et tout s'est déroulé comme il le voulait.

"Un parfait bras gauche", sourit-il en s'étirant et en tournant le cadran de polarisation pour laisser entrer la lumière du soleil.

Le téléphone a sonné. Il le ramassa et l'employé de la réception dit d'une voix feutrée et déférente : « Huit heures, Monsieur Carter.

Pour une raison quelconque, la voix feutrée lui parut drôle. "Merci, je suis debout." Il raccrocha et s'étira de nouveau. C'était apaisant d'avoir quelqu'un soucieux de se lever à l'heure, ne serait-ce qu'un hôtel. L'hôtel lui avait rendu de nombreux bons services. Il se sentit soudain reconnaissant pour tous les plaisirs, les luxes et les petits services dont ils l'entouraient. C'était un bon endroit. Il se sentait bien ce matin-là. Peut-être parce que le soleil brillait si fort....

Il aimait le regard des gens qui passaient dans le hall lorsque Pierce le rejoignait, et il aimait le regard des passagers des trains de métro en route vers le bureau. Ils avaient tous l'air plus amicaux. Et tandis qu'il franchissait la deuxième porte vitrée de ses bureaux , il appréciait l'éclat pur du verre, les riches mélanges de couleurs, les tapis moelleux, les bureaux à texture grise et le bourdonnement doux et efficace du travail en cours.

Bryce passait habituellement devant le bureau de Kesby avec un signe de tête sérieux, mais Pierce souriait, s'arrêtant un instant avec Bryce. "Bonjour, Kesby . Nous sommes heureux de vous voir." C'était assez vrai et exprimait ce qu'il ressentait.

Bryce échangea un sourire avec Kesby face à l'insolence du garçon puis se dirigea vers son bureau.

C'était une bonne journée.

C'était une bonne journée pour ce qu'il avait à faire.

Dans le luxe de son bureau intérieur , il s'enfonça dans le fauteuil le plus profond et le plus moelleux, laissant son cousin de Montehedo trier le courrier, acceptant les suggestions d'action du garçon ou donnant parfois ses propres instructions, gardant seulement la moitié de son esprit sur la routine quotidienne. affaires, s'appuyant sur Pierce et concentrant l'autre moitié sur l'action à accomplir. Le plan était fixé dans son esprit mais il avait des changements à apporter.

Il était à peine conscient du temps qui passait alors qu'il était allongé, bougeant rarement, sur sa chaise, tandis que Pierce travaillait à toute vitesse.

Vers une heure, le pont était prêt à l'action.

Bryce se leva, s'étira et vérifia de nouveau sa montre. Il était 13 h 04. Un appel téléphonique était prévu dans environ une heure, et cinq autres successivement à environ une demi-heure d'intervalle.

"Commandez-nous un déjeuner, Pierce, avant que je lève le pont-levis."

La nourriture arriva alors qu'il demandait à son personnel de les laisser tranquilles pour le reste de l'après-midi.

Au moment où ils eurent fini de manger, leur isolement était complet. Le bureau était désormais un poste de commandement, avec seulement de minces fils téléphoniques laissés sans surveillance les reliant au monde extérieur.

Bryce s'est déplacé derrière son bureau. Il tira le téléphone vers lui et composa un numéro. Quelque part, dans le coffre-fort verrouillé, le téléphone sonna.

De l'étui, il a sorti un téléphone à cadran jouet. Les yeux de Pierce étaient rivés sur lui, ses sourcils levés d'un air interrogateur, mais Bryce n'offrit aucune explication. Le garçon attendait une série de surprises. Et quand ce serait fini, il saurait tout sans aucune explication, et trop tard pour intervenir.

"Salut Al", a dit Bryce au "Ouais?" à l'autre extrémité. Il composa un numéro sur le cadran du jouet, un récepteur contre le dos de l'autre. Après le rituel habituel, Bryce a dit : "Bonjour George, comment ça va ?"

Ça y est, pensa Bryce. Ce fut la première partie du coup final porté à l'UT. Et le seul instrument dont il avait besoin dans sa méthode délicieusement simple était un téléphone. A l'origine, il avait prévu six brefs appels d'avertissement aux six numéros clés de l'organisation au sol. Il leur disait de refuser de prendre quoi que ce soit des mains de la succursale de l'UT et de rompre tout contact avec eux immédiatement après avoir accepté de l'argent liquide pour divers articles. Cela préparerait le terrain.

Le piège policier allait se refermer sur tous les membres de la branche UT de l'organisation alors qu'ils étaient encombrés d'un maximum d'objets compromettants à éliminer en trop peu de temps. Ensuite viendrait sa dénonciation anonyme à la police. Il les informerait que certains employés de l'UT dans quelques villes répertoriées seraient en train de faire du trafic de grandes quantités de drogue. La chose serait si simple. Et l'ensemble des travaux exploserait avec l'efficacité de l'explosion calculée d'une réaction nucléaire.

C'était son plan initial.

Mais les choses seraient différentes désormais. La matinée dans le fauteuil avait changé son approche. Le programme le plus récent, plus élaboré, mais remarquablement simple, ferait tomber toute la structure au sein de l'UT sans l'aide de la police, mais par lui seul, le planifiant, le lançant, l'exécutant sans l'aide de personne. Pas même celui de Pierce.

Il s'entendit dire :

"C'est 'Bonjour George'. Écoute-moi et ne m'interromps pas.

"Quelqu'un a parlé. J'ai moi-même été trahi. Compris ? Bonjour, George est épuisé. En ce moment, les flics mettent cette ligne sur écoute. Cela ne fait aucune différence pour moi, maintenant. Mais pour vous, c'est le cas. un avertissement ouvert de Hello George à votre intention. Faites passer le message. Je continuerai à passer des appels jusqu'à ce qu'ils m'interpellent et coupent cette ligne.

"En attendant, faites passer le message. Coupez les liens avec moi et toute l'organisation. Mettez-vous hors de portée avant que le piège ne se ferme. Mais transmettez d'abord cet avertissement.

"Je résisterai un moment à l'interrogatoire. La police finira par m'arrêter, bien sûr. Et quand elle le fera, elle me pompera à sec. Elle obtiendra des noms et des adresses. Les œuvres entières seront saisies, à moins que vous allez vite. Faites passer le message.

Bryce fit une pause et fit un clin d'œil à Pierce qui se tenait à ses côtés. " Des questions ? Oui, j'en suis sûr. Bien sûr , j'en suis sûr. D'autres questions ? Bonne chance, d'accord. "

Il a raccroché.

Comme César l'a dit un jour, les dés étaient lancés.

Pierce, à ses côtés pendant tout cela, restait simplement là, les yeux écarquillés et le visage vif de curiosité et d'incrédulité, son corps se contractant de temps en temps sous l'infection de l'excitation qui se répercutait sur la pièce. Cette excitation était là, même si Bryce ne s'était pas permis de s'y livrer de manière visible. Il avait montré à Pierce une nouvelle facette de ses opérations, une facette que Pierce ne pouvait pas anticiper immédiatement, une facette dans laquelle lui seul, Bryce, pouvait prendre les décisions rapides et évaluer les réponses immédiates qui lui étaient demandées.

C'était lors du premier appel.

Avec le deuxième, Pierce a commencé à contribuer, se montrant à la hauteur comme il l'avait fait si souvent et si rapidement dans le passé. Il commença à faire les cent pas entre les appels, fumant furieusement et riant dans sa barbe.

"Dites- leur que la police enfonce la porte", a-t-il suggéré lors du troisième appel. "Disons que vous êtes hypnotisé pour résister à un interrogatoire cinq jours au maximum, deux heures plus probablement."

Ses suggestions étaient un hurlement. Bryce les répéta au téléphone avec un désespoir factice et fut récompensé par des bruits de panique à l'autre bout du fil. Lui et Pierce rirent des questions frénétiques et des exclamations de la victime. Le tout, succinct et pointu et doté du pouvoir dramatique de la simplicité, n'était qu'une super plaisanterie qui allait faire trembler tout le système solaire pendant les prochaines semaines.

Les ramifications seraient infinies. Des personnes disparaîtraient brusquement et prendraient de nouveaux noms et identités dans des pays obscurs, d'autres retireraient leurs lourdes économies et décolleraient la première fusée de la Terre. Il y aurait un nouvel afflux de réfugiés dans la Ceinture, de nouveaux colons qui seraient d'honnêtes agriculteurs, ouvriers d'usine et réparateurs.

Oui, la situation était dramatique.

La journée a été une bonne journée.

Mais alors que Bryce raccrochait au dernier appel, un sentiment déprimant de calamité, troublant et anticlimatique , commença à l'envahir. Pierce parlait de ses projets pour la semaine prochaine avec un enthousiasme qui aurait dû être complètement contagieux.

Mais il y avait quelque chose qui n'allait pas. Il y avait quelque chose qui n'allait pas.

Qu'est-ce que c'était?

Bryce sentit l'enthousiasme de Pierce l'envahir et commencer à l'emporter. Il savourait l'éclat de plaisir produit par les changements bouleversants qu'il avait réussi à entasser en un jour. En six appels téléphoniques, il avait brisé complètement et pour toujours le réseau de la drogue, si complètement qu'aucun de ses membres n'aurait plus jamais affaire à aucun de ses membres. Tous étaient en faillite, fuyant avec les chiens imaginaires de la loi aboyant à leurs trousses.

Il sourit à cette pensée.

Et puis son sourire s'effaça pour une raison étrange et il cessa d'écouter Pierce pendant un moment, détourna le regard et cessa d'écouter, car entendre Pierce à ce moment-là le distrayait étrangement de la clarté de sa pensée. Il voulait revoir ce qu'il venait de faire.

Ce qui était faux?

Quoi?

Il luttait contre une confusion croissante, le bureau et les téléphones étant flous alors qu'il essayait de se concentrer avec un effort désespéré.

De façon inattendue, la question s'est imposée. C'était comme si la pièce était retournée, la journée bouleversée.

Il s'était brisé, pas UT !

Pourquoi?

Pourquoi avait-il passé ces appels – modifié ses plans – et passé ces appels ?

Avec la clarté la plus parfaite et la plus terrible, il voyait les résultats de ce qu'il avait fait. L'organisation détruite. Les contacts qu'il avait noués il y a quinze ans en tant que jeune docker anonyme, contacts qu'il ne pourrait plus jamais nouer en tant que Bryce Carter - disparaissant - se fondant dans la grande masse du public - devenant des figures grises et inconnues. L'édifice des années fondant comme un château de sucre se fond dans la marée - l'armée invisible qui avait obéi à sa voix sans source sans pouvoir faire chanter ni se rebeller, l'outil parfaitement équilibré entre ses mains qui pouvait être utilisé pour corrompre des politiciens vénaux, avec un fonds illimité pour la corruption, le contrôle secret croissant de la plus vénale des machines politiques de la Terre, qu'au moment où il en aurait eu besoin, cela aurait été une arme irrésistible dans sa main pour le seul coup politique rapide qui déchirerait la ceinture. du contrôle de la Terre, et lui donner un siège à l'Assemblée des Nations Fédérées et la maîtrise du système solaire—

Mais alors qu'il était assis là, l'organisation s'est dissoute.

Il saisit le téléphone, mais il n'y avait plus personne à appeler, personne ne répondrait. Il ne pourrait plus jamais les atteindre.

C'était de la raison maintenant, mais qu'était-ce avant quand il détruisait allègrement son avenir ? Il lui semblait qu'il y avait deux moitiés dans son cerveau, chacune voulant des choses différentes. Pendant un instant, celui qui avait contrôlé la journée avait disparu, et il était à nouveau sain d'esprit, mais combien de temps durerait ce moment ? Quel signe y avait-il eu lorsqu'il en a pris le contrôle ? Le saurait-il quand cela reviendrait ?

Il se souvenait que, ce matin-là, dans le métro, Pierce et lui avaient eu une discussion à moitié plaisante sur la meilleure vie courte et joyeuse. L'un des heureux figurant sur la liste était l'agent de l'INC, car ils avaient passé une si grande partie de leur vie à travailler dans des gangs de contrebandiers qu'ils avaient tous les plaisirs et les profits d'être un escroc et un honnête homme. Était-ce là qu'il avait glissé son rouage ?

En repensant aux choses qu'il avait faites ce jour-là, il a constaté qu'une grande partie de celles-ci correspondaient à un modèle abstrait de justice, comme s'il se considérait comme un homme de l'INC. Ou comme si—

Il pensait aux choses qu'il avait vues dans son enfance et qu'ils appelaient des zombies, qu'ils raillaient et tourmentaient sans crainte de représailles ou de vengeance de la part de leurs victimes au visage gris. Des hommes emprisonnés – ils avaient l'air normaux – mais ils avaient été emprisonnés mentalement. Des zombies de la loi, mémorisant et suivant les lois et étant honnêtes avec un sens littéral simple et terrifiant.

Il ne savait pas qu'il avait une quelconque capacité de terreur.

Bryce Carter. Il avait son nom, son identité et sa mémoire, et c'étaient les siens. Parfois, il n'avait rien d'autre, seulement la fierté et la force de connaître son identité, qu'elle était la sienne et plus forte que les autres, tout comme ses mains étaient plus fortes, une chose qu'ils ne pouvaient pas lui enlever.

Le pourraient-ils ? Il y avait un cauchemar qu'il avait fait plus d'une fois, dont il se souvenait soudain pour la première fois, avec toute son atmosphère d'étrangeté enfantine. Les flics psychopathes étaient après lui. Il était piégé dans une grande pièce avec des lumières et ils avaient la tête ouverte et le poursuivaient d'une manière ou d'une autre dans sa tête, essayant de l'attraper et de le tuer, lui qui vivait dans son esprit.

Saurait-il si c'était parti ?

Les ombres noires et acérées des parois du cratère se dessinaient sur la plaine d'atterrissage à l'extérieur, mettant fin aux deux semaines de lumière du jour, et les reflets du soleil diminuaient dans la pièce. Il pouvait entendre le grondement d'un navire lourd d'une flotte de marchandises qui s'apprêtait à atterrir.

Son assistant était assis tranquillement sur le bord du bureau comme il l'était depuis un certain temps, observant immobile le mince panache de fumée qui s'élevait d'une cigarette à la main. Il était aussi immobile que s'il écoutait un son subtil au loin. Les jets de fusée projetèrent une lueur orange à travers les stores vénitiens et tombèrent en bandes de lumière orange sur le jeune visage sombre. Le bref grondement d'un décollage de fusée se fit entendre, transmis à travers le sol et le bâtiment. La fumée qui s'échappait de la cigarette était le seul mouvement.

"Roy, Pierce est-il ton vrai nom ?"

La lumière clignotait et s'estompait en barres orange sur le jeune visage qu'il pensait être comme le sien, le garçon qu'il pensait venir de Pop Yak. Le grondement rapide et profond du son vint et s'estompa dans les murs autour d'eux. Un sourire fugace effleura le visage, et les yeux sombres se posèrent sur les siens pendant un moment alors que Roy Pierce donnait l'information avec désinvolture comme s'il s'agissait de n'importe quelle autre information, répondant à la question qui avait été posée. "C'est le nom de ma mère. Nous prenons toujours le nom de notre mère. Je suis un Manoba , un Manoba de Jaracho ."

IX

Regardant le visage de Bryce, il se releva lentement, écrasa le bout de sa cigarette et se plaça devant le bureau.

Bryce a sorti son arme et l'a tenue là où Pierce pouvait la voir. "Est-ce qu'on tire sur les Manobas ?" C'était un petit pistolet lourd, avec sa maggy , son canon élégant et arrondi, le métal lourd chaud d'être porté près de la peau.

"Parfois. C'est une réaction assez naturelle."

Il s'agissait d'un pistolet spatial à vitesse réglable permettant de traverser des combinaisons rembourrées et des combinaisons pressurisées. La vitesse était élevée, mais il serait peu artistique de faire un grand trou dans un psychothérapeute. Bryce baissa lentement le bouton, le regardant.

« L'éthique professionnelle de la vie privée et de la non-publicité couvre-t-elle ce genre de situation ?

Pierce souriait légèrement avec une touche d'humour amer. "Ce n'est pas diplomatique de vous dire cela, mais oui, l'éventualité est couverte. Il n'y a rien qui me relie à vous dans aucun dossier, ni rien qui m'identifie en tant que membre du groupe Manoba engagé par votre entreprise. L'éthique Le respect de la vie privée ne peut faire l'objet d'aucune exception pour le dossier familial.

Une froide curiosité le tenait. "Dis-moi, quand tu as vu que je commençais à réfléchir, pourquoi ne m'as-tu pas simplement fait une petite sieste et ne suis-tu pas parti ?"

Le sourire est resté. "Je suis censé contrôler le choc de la prise de conscience, et faire en sorte qu'il soit assimilé sans dommage pour le sujet." Ses yeux sombres et sans expression rencontrèrent ceux de Bryce, et Bryce en ressentit l'impact et réalisa pour la première fois qu'il y avait le même léger sourire désinvolte et amer sur ses propres lèvres, et intérieurement l'humeur ironique calme avec la clarté immobile d'un profond piscine. Sa propre humeur ? Il leva l'arme dans sa main, sentant son poids et son équilibre. "Vous auriez pu le faire devant le téléspectateur", a-t-il souligné sans passion. "Quelle est la mortalité moyenne, le savez-vous ?"

"Pas haut. Seule l'inexpérience est dangereuse. Si l'on parvient à surmonter ses trois ou quatre premiers cas, c'est assez sûr."

En repensant aux derniers jours, il était clair que Pierce avait le contrôle de ses émotions. Pierce l'avait choisi pour ressentir toute émotion qu'il ressentirait. Restait à voir dans quelle mesure cela pourrait influencer ce qu'il allait faire. Le jeune homme à la peau sombre se tenait devant le bureau avec désinvolture et répondait aux questions avec un léger sourire retenu qui attisait l'ironie ironique de leurs deux esprits.

Un homme fait ce qu'il veut. C'est la liberté, mais ce qu'il voulait pouvait être contrôlé apparemment. Un homme *est* ce qu'il veut. Mais ce qu'il voulait pouvait être changé. Comme il avait été facile de le changer. Bryce s'est essayé en pensant au pouvoir et à la gloire de la règle, au règne et à la maîtrise de l'espace – un objectif qui réchauffait ses pensées depuis de nombreuses années.

Il n'en voulait pas.

Il y avait un engourdissement là où il aurait dû y avoir de l'émotion, et tout ce qu'il pouvait ressentir pour sa perte était la résignation et la légère humeur amère que lui permettait le sourire de Pierce. Regardant ce sourire, il déplaça le lourd petit pistolet dans sa main, le retournant avec désinvolture, sentant son poids familier et la texture de ses surfaces.

Il parla doucement. « Si cela ne vous dérange pas, avez-vous déjà traité vos trois premiers cas ?

"Vous êtes mon premier", a déclaré Roy Pierce, en qui il avait confiance. "J'ai bien peur d'avoir été maladroit."

"Oh, tu as bien fait." Bryce lui a alors tiré dessus, plaçant soigneusement la balle dans le creux de son estomac, là où cela lui ferait mal. C'était pour bien faire. Pour la justice. Aucun homme n'a le droit de se mêler de l'esprit d'un autre.

Pierce commençait à parler. Il recula d'un demi-pas avec une lueur de changement traversant son visage puis se redressa et sourit à nouveau. Cette brève grimace toucha les nerfs de Bryce avec une sensation qui ressemblait au tintement de quelque chose de lourd tombé à l'intérieur d'un piano, un son qu'il avait entendu une fois. Mais l'engourdissement n'a pas disparu de ses sentiments. Il souriait toujours. La troisième balle serait entre les yeux.

Les mots étaient bas et rapides mais clairs.

Bryce n'a pas écouté. "C'est pour faire du bon travail", dit-il, remplaçant l'autre voix par la sienne, et il appuya à nouveau sur la gâchette, plaçant la balle légèrement plus bas cette fois, dans le ventre, où si elle s'empêtrait dans l'un des plexus spinaux , elle pourrait blesser une croyance passée. Pierce chancela légèrement. Son visage prit la couleur bleu argile qui caractérise les races à la peau foncée lorsqu'elles pâlissent. Il saignait quelque part à l'intérieur et était déjà mort à moins qu'on ne lui donne de l'aide, pensa Bryce.

Pendant un instant, Bryce vit quelque chose comme un effort dans ses yeux sombres et indéchiffrables. Puis soudain, Pierce sourit, son jeune visage d'une innocence et d'une joie désarmantes. "Oh, allez, Bryce, ce n'est pas si grave. Sois un bon joueur. Tu ne veux pas—"

Soudain, Bryce vit la situation comme un pur humour, une sorte de farce folle pour le rire d'un farceur cosmique. Il tourna le viseur vers le visage souriant. L'amusement bouillonnait dans son sang et il s'entendit rire – il l'entendit avec un sombre amusement secondaire.

"C'est à vous que revient la blague", dit-il en appuyant sur la gâchette, puis en riant à nouveau. La blague était sur lui.

Il avait raté. Il l'avait raté à une distance de trois pieds. Pourtant, sa main était inébranlable. Le contrôle de Pierce l'avait. Son rire s'arrêta alors que l'humour dans l'attitude de Pierce s'effaça à nouveau pour laisser place au petit sourire ironique qui était là depuis le début.

Bryce n'avait pas perdu. Il lui suffisait d'attendre un peu et il avait gagné. À moins que Pierce ne puisse utiliser son contrôle pour le forcer à appeler les secours. Il s'est efforcé de résister et de ne pas écouter. Il ne restait pas longtemps à parcourir. Les yeux sombres et inexpressifs qui tenaient les siens commençaient à s'élargir légèrement dans un effort de vue qui signifiait qu'une obscurité privée se refermait sur le psychothérapeute. Le grondement des fusées lointaines semblait plus fort, couvrant sa voix affaiblie. "C'est ton choix, Bryce. Je te le donne. Tu ne voudras pas ça plus tard, Bryce, mais n'aie pas faim de défaire. C'est un paiement suffisant pour tous, dans des moments comme celui-ci, que tu changes et que tu ne le fasses pas. — je les veux — encore — » Pierce inspira un soupir étranglant, se balançant plus visiblement. "Gun", murmura-t-il, tendant la main en direction de Bryce, ses yeux devenant aveugles.

Bryce lui tendit le magnomatique et regarda Pierce tâtonner dessus, y apposer ses empreintes à l'aveugle, les genoux pliés.

Lorsqu'il est tombé, Bryce a décroché le téléphone et a appelé les urgences. L'équipe d'urgence parcourait les couloirs à proximité, à la recherche de la source des trois notes radio qui leur avaient indiqué qu'une arme à feu avait été tirée.

C'est la dernière fois que je l'ai vu", le jeune homme s'arrêta de parler et parut content de lui.

Donahue vida son verre avec irritation et le posa sur le bar qui avait été installé au plafond lorsque les G avaient sonné. Il s'accrochait magnétiquement. "Faites pareil, s'il vous plaît." Il se tourna vers Roy Pierce, flottant à côté de lui. "Arrête de me harceler, mec, termine l'histoire. De la manière dont tu la racontes, je ne sais pas ce que tu as fait, comment tu l'as fait, ni même si tu es mort ou non."

"Oh, je suis mort", a déclaré Roy Pierce. "Mais ils m'ont réanimé", a-t-il ajouté.

"Bien ! Je suis content d'entendre ça !" » dit Donahue plus gaiement, se demandant soudain à quel point on se moquait de lui. "Pendant un moment, tu m'as inquiété. Maintenant, explique-moi ce traitement."

"Cela s'appelle manger l'âme", expliqua le garçon à la peau foncée et aux cheveux raides. "Je ne pense pas que tu puisses le faire."

Donahue a soigneusement réfléchi à cette information. "Peut-être pas. Comment ça se passe ?"

"Dans les tribus de mon peuple, l'âme est censée être un double invisible qui marche à vos côtés, vous protégeant et parlant silencieusement à votre esprit. Son visage est celui qui vous regarde dans les miroirs et depuis les piscines, et le ombre qui marche sur le sol à côté de vous. Les malfaiteurs, après avoir parlé à un Manoba , disaient que leurs reflets avaient disparu. Notre famille s'appelait Les Mangeurs d'Âmes, et toutes les tribus avaient peur de nous à neuf cents milles à la ronde. "

"Moi aussi", dit Donahue d'un ton compact. "Comme dirait ma grand-mère yiddish du côté de ma mère, cela ressemble à des loups-garous."

"Je peux l'expliquer."

« Pas de magie ?

"Écoutez", dit laconiquement le jeune, "Est-ce que j'ai envie d'être expulsé de la FNMA ? Et si j'étais assis dans un cercle de jungle chargé jusqu'aux oreilles d'herbes et de sortilèges, avec les tambours de mes cousins palpitant autour de moi, et J'ai appris les meilleures et les plus subtiles façons de ma technique dans le temps en regardant à travers les yeux de mon arrière-grand-père ou en conversant avec son fantôme. Pensez-vous que je dirais cela ?

"Non", a admis Donahue. Il s'éloigna un peu.

Le jeune parlait sombrement. "Le rapport et l'empathie intensifiée sont quelque chose que l'on apprend en s'exposant à des miroirs. La technique est publiée, connue et acceptée parmi les psychologues, mais la plupart d'entre eux n'essaient tout simplement pas. Elle se retourne trop facilement contre eux et nécessite un niveau de compétence trop élevé. . Cela vient de ma famille. Le jeune parlait encore plus sombrement. "Ce que je fais est assez évident si je le fais ainsi. C'est simplement un mimétisme préalable. J'observe la tendance de ce qui se passe dans ses pensées et j'exprime approximativement ce qu'il ressent et pense un peu avant de le faire. De sorte qu'actuellement, inconsciemment il compte sur moi pour lui dire ce qu'il pense et ce qu'il ressent.

"J'étais son miroir, son miroir antérieur. Je suis un acteur sous-jacent clair et expressif en tant qu'acteur, et chaque nuance de réaction est distincte et indubitable. Le subconscient n'est pas rationnel, mais il généralise à partir de régularités que l'esprit conscient n'a jamais le subtilité à remarquer. Il m'a vu représenter systématiquement ses propres réactions internes, heure après heure dans chaque situation, plus clairement que Bryce ne s'est jamais vu exprimer quoi que ce soit dans un miroir, et plus régulièrement qu'il n'a jamais vu un miroir. Le subconscient a ensuite associé l'émotion intérieure. avec l'image extérieure correspondante pour chacun. Je suis devenu l'image subconsciente de Bryce . Quand il pense à faire quelque chose, l'image dans l'imagination qui le fait n'est pas lui-même, c'est moi. Cela peut provoquer une confusion mentale considérable.

"Cela devrait!" Donahue accepta avec ferveur.

"Je l'ai placé dans de nouveaux endroits et situations où il n'était pas sûr et j'en étais sûr, de sorte que lorsque je m'éloignais de son reflet, il me donnait l'exemple et me reflétait. L'un de nous devait être l'initiateur et l'autre le reflet. mais maintenant c'était inversé. Il ne l'a pas combattu inconsciemment parce que les résultats étaient agréables. J'ai gardé la tête et je l'ai mené dans une danse mentale à travers des pensées et des réactions qu'il n'avait jamais eues auparavant, dans un modèle de personnalité complètement étranger au sien, qui Je voulais qu'il le fasse. Je n'avais pas été embauché pour ça, mais j'avais le temps de passer avant de pouvoir résoudre ce problème d'UT, et je voulais le faire pour lui. Le lien miroir était terminé le premier jour, mais je' J'ai peur que les jours supplémentaires le rendent indélébile. Il sera toujours moi dans son esprit, et les miroirs ne lui iront jamais bien.

C'est si simple, c'est évident", a déclaré Donahue avec déception. "Cela ne me semble pas magique."

Le jeune était pensif, fronçant les sourcils. "Parfois, ça ne me concerne pas non plus. Je me demande si le fantôme de mon grand-père me disait le bon—"

"Oublie le fantôme de ton grand-père," l'interrompit précipitamment Donahue. Lors de ses quelques voyages dans l'espace , il ne parvenait jamais à s'habituer à flotter étrangement dans les airs, et le moment lui semblait mal choisi pour parler de fantômes. "Et Bryce Carter. Que lui est-il arrivé ? Vous savez," dit-il d'un ton de défi, "J'aime ses plans pour organiser la Ceinture et briser l'UT. Et, à bien y penser, si j'avais été là quand vous interfériez avec *ça* , je pense que je t'aurais tiré dessus moi-même.

"UT m'avait seulement engagé pour trouver l'organisateur du réseau de contrebande et le persuader de dissoudre son organisation en UT. C'est ce que j'avais fait. Alors le troisième jour, quand j'ai pu marcher, j'ai quitté l'hôpital et je suis retourné sur Terre, et " J'ai perçu mes honoraires pour un travail effectué. De nombreuses personnes avaient soudainement disparu de leurs listes de paie et les statistiques de la criminalité dans certaines villes avaient montré une accalmie surprenante. Ils savaient que je l'avais fait, alors ils ont payé et étaient reconnaissants. " Le jeune homme sombre haussa les épaules. "Je ne pensais pas devoir leur parler d' Orillo . Il a prévenu la police et a lancé une rumeur, et il y avait suffisamment de preuves dans les statistiques de criminalité des mois précédents, lorsqu'elles étaient corrélées avec la répartition des succursales d'Union Transport, même s'il n'y avait rien à signaler sur quelqu'un en particulier, à l'exception de ceux qui avaient disparu.

Donahue s'en souvenait. " Bien sûr , c'est cette enquête sur les monopoles des transports qui a soulevé une telle puanteur l'année dernière. J'en ai vu une partie au Congrès. "

Pierce lui tendit un dossier de voyage. Richement illustré, il vantait les avantages des lignes C&O pour les touristes spatiaux. "Carter et Orillo ."

Donahue leva les yeux, perplexe, "Mais c'est la prochaine étape de ce qu'il avait prévu. Je pensais que tu l'avais changé."

"Le Mahatma Gandhi aurait suivi ces plans", a déclaré Pierce avec une touche sombre. "Comme vous l'avez souligné, ils sont attirants. Mais je l'ai changé. Je ne vais pas vous donner la dynamique de sa personnalité, mais si vous voulez une liste de changements : il est marié à Sheila Wesley, c'est un changement. Et au lieu de rentrer chez lui le soir, il il fait du bruit dans les bars et les restaurants, parle à tout le monde, écoute tout le monde, les aime tous et se fait des amis avec enthousiasme dans des wagons remplis. C'est un autre changement. Il ne se regarde pas dans les miroirs parce qu'ils lui font loucher. C'est parce qu'il inconsciemment s'attend à me voir dans le miroir. Et il organisera la Ceinture et sera président comme il l'avait prévu. Je ne l'arrêterai pas. La différence sera qu'il ne voudra pas du pouvoir qu'il obtiendra. Pierce dit sombrement : " On ne peut jamais confier le pouvoir à un homme avide de pouvoir : il devient mégalomane. Carter était déjà à mi-chemin. Mais il est à l'abri de cela maintenant. Il va recevoir beaucoup de pouvoir et il ne verra cela que comme une responsabilité. et ne le veulent pas. C'est le seul type d'homme sûr à avoir dans une position de pouvoir.

"Cela..." dit Donahue avec beaucoup de sérieux, "-c'est comme envoyer une pauvre âme damnée au paradis kismetique en tant qu'eunuque. Vous, les psychologues, êtes tous de parfaits sadiques," dit-il en levant son verre. "Je suppose que tu as mis quelque chose dans mon verre ?"

"Absolument rien", lui assura Roy Pierce en souriant. "Ce qui est drôle, c'est que quand je suis revenu sur Terre à ce moment-là, *je* louchais quand je me regardais dans un miroir. Et mes amis disaient que je n'étais pas moi-même. Si je n'étais pas moi-même, je savais que je devais toujours être Bryce Carter. " Les choses m'avaient semblé différentes et on m'avait prévenu que la technique se retournait parfois contre moi lorsque j'apprenais. J'ai donc appelé mon oncle Mordand sur la chaîne télévisée - il est le chef de famille et il vit dans un domaine dans la jungle - et il —"

Donahue était à nouveau fasciné.

Il y avait une approche différente pour chaque cas, avait découvert Pierce. Il n'était généralement pas éthique de discuter d'un cas particulier, mais il savait avec certitude qu'on pouvait faire confiance à Donahue pour ne pas répéter ce qu'on lui disait. La seule raison pour laquelle il n'y avait pas quelque chose de plus dans son verre actuel était qu'il y avait eu quelque chose dans le dernier verre.

C'était le cinquième cas.